Prier 15 jours avec

MARGUERITE HOPPENOT

COLLECTION PRIER 15 JOURS

• Des livres sources

– pour passer quinze jours en compagnie d'un maître spirituel à la manière de ces temps de retraite qui ouvrent une brèche dans notre univers quotidien.

• Des livres pratiques

– un rappel biographique en début de volume

– un itinéraire balisé en introduction

– une entrée dans la prière répartie sur les quinze chapitres de l'ouvrage

– pour aller plus loin, une bibliographie expliquée.

• Des livres accessibles

– un ressourcement qui va à l'essentiel pour des chrétiens actifs

– une information donnée de l'intérieur pour un public plus large.

Prier 15 jours avec

MARGUERITE HOPPENOT

Fondatrice du mouvement Sève

par Albéric de Palmaert

nouvelle cité

Composition : Pauline Wallet
Couverture : Anne-Charlotte Jouve

Illustrations de couverture :
p. 1, portrait de Marguerite Hoppenot, D.R.
p. 4, portrait de l'auteur © Hélène Terrom

Domaine d'Arny
91680 Bruyères-le-Châtel
www.nouvellecite.fr

ISBN 9782853137867
ISSN 1150-3521

AVANT-PROPOS

Prier avec Marguerite Hoppenot m'a toujours semblé une évidence.

C'est un exercice à la fois facile et exigeant. Facile, car Marguerite Hoppenot était une femme de prière. Pas forcément au sens où on l'entend d'habitude. Si elle portait en elle une part de contemplation, notamment en face des paysages de Noirmoutier ou de Crans-sur-Sierre, si elle savait vivre et habiter le silence, si elle laissait courir sa plume pour exprimer sa relation au Christ essentiellement, et permettre aux autres de s'y joindre, elle n'était pas que cela. Bien évidemment.

Elle était une femme « dans la vie » d'abord, épouse, mère, amie, artiste, avec tout ce que cela représente.

Elle était une femme d'amour surtout. Un amour qu'elle portait à son *« merveilleux mari »*, comme elle en parlait, Philippe Hoppenot, au point d'accoler à son nom l'initiale Ph. Amour qu'elle portait à ses enfants, dont deux sont partis avant elle, amour qu'elle portait à celles, essentiellement, qui ont animé le mouvement Sève, lui ont donné une âme, avec la communauté fondamentale, tout au long des années… Et amour aussi qu'elle portait à tous ceux qui ont eu, un jour, la chance de la rencontrer. Et j'ai eu le bonheur de faire partie de ceux-là. Une rencontre qui s'est prolongée pendant plus de vingt ans.

Mais Marguerite Hoppenot était avant tout une femme de prière en ce sens que chacun de ses gestes, chacune de ses réflexions, chacune de ses actions même, pourrait-on dire, étaient en lien avec le Seigneur ; elle se plongeait dans l'amour infini de Dieu.

Et il y a quelque chose qui m'a toujours paru très étonnant à la lecture des nombreux textes qu'elle a écrits et laissés. On ne sait jamais très bien dans quel registre nous sommes. Il n'est pas rare qu'un texte de réflexion, voire d'enseignement, devienne naturellement une prière. Par moments même, on dirait qu'elle confie sa main au Seigneur pour qu'il s'adresse directement à nous qui lisons son texte.

Ou tout simplement, et peut-être mieux encore, il est fréquent que ce texte entraîne naturellement celui qui le lit dans une démarche de prière.

Mais c'est un exercice exigeant aussi, car Marguerite Hoppenot avait ce don extraordinaire de la provocation. Elle ne laissait jamais son interlocuteur recevoir sans donner. « *Êtes-vous d'accord avec cela? Et vous, qu'en pensez-vous?* »

Comme si celui qu'elle entraînait ainsi dans sa prière devait lui aussi prendre les rênes. On ne pouvait rester indifférent, neutre, étranger, avec elle. Elle savait établir un dialogue tellement profond qu'il en devenait un trialogue dans lequel le Seigneur prenait sa place. Et la conversation devenait, de fait, prière.

Entrer dans cette démarche de quinze jours de prière avec elle, ce sera donc nous mettre à l'écoute de ce qu'elle écrivait, notamment, dans les quatre grandes dimensions qu'elle a voulu donner au mouvement Sève : Être, Aimer, Servir, Unir.

Je tiens enfin à remercier les membres de l'équipe fondamentale et principalement Nicole Beau et Marie-Hélène Vallat qui m'ont confié quelques pages des « notes intimes ». Elles ont aussi relu tous ces textes et ont su, avec délicatesse et grâce à l'intime connaissance qu'elles ont de Marguerite Hoppenot, y apporter une ou deux corrections, ou plutôt une ou deux précisions. Elles n'ont rien imposé, mais simplement suggéré avec la même douce autorité que celle qu'avait Marguerite Hoppenot dans son permanent sourire. Je suis certain aussi, sans révéler un secret, que cet accompagnement s'est effectué dans la prière. Qu'elles trouvent ici le témoignage de ma reconnaissance pour ce chemin parcouru ensemble dans les pas de celle qui restera pour beaucoup une « grande vivante ».

MARGUERITE HOPPENOT
(1901-2011)

1901. Marguerite de Marchena est née le 3 juillet 1901 aux premières heures d'un siècle qui sera un des plus terribles de l'histoire. Elle est la seconde fille d'un couple uni et complémentaire. Son père, un homme *« absolument remarquable »* aux yeux de sa fille, est ingénieur, chef d'entreprise et professeur titulaire de la chaire d'électricité à l'École Centrale. Sa mère, qui la marquera moins, mène une vie classique de mère de famille, attentive à son foyer, ses bonnes œuvres et ses relations dans le quartier bourgeois de la plaine Monceau à Paris. Sa sœur aînée, Hélène, n'a que quelques mois de plus qu'elle.

La famille vit dans le souvenir d'une gloire espagnole. Les Marchena sont, en effet, descendants d'une des grandes familles d'Espagne dont les origines remontent bien avant le XIVe siècle. Le plus célèbre est certainement le père de Marchena, prieur de l'Arabida, confesseur de la reine Isabelle la Catholique et ami de Christophe Colomb. C'est d'ailleurs grâce à lui que le Génois, découvreur de l'Amérique, put trouver auprès de la reine d'Espagne les subsides nécessaires à son expédition.

L'influence de monsieur de Marchena est fondamentale auprès de ses filles, principalement de Marguerite qui restera très proche de lui.

Que dire de la foi dans la famille? Elle est une foi sociologique. Monsieur de Marchena confiera même à sa fille qu'il ne parvient pas à croire à la divinité du Christ ni à la présence réelle.

1911. C'est une grande année. Elle n'a pas encore 10 ans quand elle connaît sa première grande expérience spirituelle. Avec sa sœur Hélène, elle fréquente l'institut de la Madeleine. Elle aime se rendre à la chapelle pendant la récréation. Un jour, elle ressent tout à coup au fond d'elle-même la réalité de la présence réelle dans le tabernacle. Pour elle, la chapelle n'est plus vide, mais habitée par le Seigneur. Désormais, elle se rendra à la chapelle quasiment tous les jours.

Quelques semaines plus tard, c'est le jour de sa première communion. Elle a la certitude de changer de dimension. Comme ce fut le cas pour Thérèse de Lisieux, elle passe de la contemplation de la présence à l'union personnelle avec Jésus-Christ. Cet événement sera précédé, durant sa retraite de préparation, d'un autre événement qu'elle gardera longtemps secret. *« J'ai eu une sorte de vision intérieure. J'étais parmi une multitude et légèrement au-dessus ; ce jour-là j'ai été saisie. »*

Il ne faut pas voir là un orgueil mal placé. Pour elle, c'est comme si elle était « pêchée ». Le poisson qui sort de l'eau, tiré par le pêcheur, passe naturellement au-dessus des autres ; cela ne veut pas dire qu'il est supérieur, cela veut dire qu'il est « pris ». Pour la jeune Marguerite, c'est la même chose.

1915. Comme elle est passionnée autant par ses études que par le violon, son père lui demande de faire un choix. Elle choisit le violon et abandonne, de ce fait, ses études classiques. *« Donc, pas de bachot, pas de philosophie, et pas non plus de théologie... »* écrira-t-elle plus tard en remerciant la Providence de ne pas l'avoir fait entrer dans un cadre et lui avoir ainsi conservé *« la liberté de l'amour »*.

1920. Le 28 janvier, Marguerite a 18 ans. Elle est invitée avec sa sœur Hélène à une soirée dansante. Elles doivent être accompagnées par le fils d'un ami de son père. Quand celui-ci se présente chez les Marchena, il est accompagné d'un de ses camarades d'étude, de passage à Paris, un certain Philippe Hoppenot. Entre Marguerite et lui, c'est le coup de foudre. Mais ses parents ne voient pas d'un œil favorable cet amour naissant. Ils l'envoient en Angleterre pour lui « changer les idées » et lui demandent de ne pas reprendre contact avec *ce garçon.*

Plusieurs mois passent. Un jour, sa mère lui demande de l'accompagner faire une course. Au Bazar Monceau, comme si la Providence avait organisé cette rencontre fortuite, les deux jeunes gens se retrouvent. Cette fois Marguerite affirme son amour. Ses parents acceptent.

1924. Le 29 octobre, Marguerite de Marchena épouse Philippe Hoppenot. Ils auront cinq enfants et de nombreux petits-enfants et arrière-petits-enfants.

1933. Comme ce fut le cas quand elle avait 10 ans, elle va vivre un autre grand moment spirituel. C'est la prise de conscience déterminante, à travers deux paroles, « Dieu est Amour » et « Il crée l'homme à son image », de la parenté entre l'Être divin et l'être humain.

1936. Le 3 mai, le Front populaire remporte les élections avec 386 députés sur 608. Léon Blum présidera le premier gouvernement socialiste de la Troisième République. Avant même sa constitution, les premières grèves éclatent dans les usines d'aviation à Courbevoie, Le Havre et Toulouse. C'est le début d'une période de troubles. Le 24 mai, plus de 600 000 manifestants se réunissent pour célébrer la Commune de Paris. Le rassemblement dégénère. En quelques semaines, on dénombre plus de 12000 grèves dont une grande majorité avec occupation d'usines. Des défilés montent les cris de haine contre la bourgeoisie. Et le soir, dans les salons parisiens, Marguerite Hoppenot entend d'autres mots de haine. C'est pour elle une vraie prise de conscience qui aboutira à la création, au surgissement, du mouvement Sève.

1937. À la fin de l'année, elle reçoit, par l'intermédiaire de la responsable de la Ligue féminine d'action catholique, la demande du cardinal Verdier de créer « un mouvement pour la conversion des milieux responsables dits chrétiens ». Cette demande, qui rejoignait une vocation qui l'habitait profondément, sera à l'origine de la création du mouvement Sève qui verra le jour quelques mois plus tard.

1938. C'est la naissance effective du mouvement Sève, dont le but, selon ses propres mots, est de *« contribuer à transformer chez les chrétiens la notion courante d'une religion légaliste, marquée avant tout par une morale et une pratique religieuse, en une aventure d'amour et de communion : le mystère du Christ vivant prolongé dans le monde ».*

1942. En juin, Marguerite Hoppenot va vivre certainement un des moments les plus douloureux de son existence, la mort de son fils Manuel, celui qu'elle appelait *« l'enfant de ma vocation »*. Elle gardera toute sa vie dans son cœur une phrase qu'il lui répétait souvent : « Ô maman, faites tout pour qu'il y ait plus d'amour dans le monde. »

1953. Elle fait la connaissance du pasteur Marc Boegner, président de la Fédération protestante de France. C'est la première d'une série de rencontres qui vont avoir lieu pendant dix-huit ans. Ces rencontres furent à l'origine de sa grande aventure d'unité au sein de l'Église. Grâce à lui, aussi, elle aura entre autres l'occasion de rencontrer le pape Paul VI.

1983. En novembre, sa fille Dominique, à qui elle avait transmis son amour du violon, meurt victime d'un cancer. Trois mois plus tard, en janvier 1984, c'est son mari, Philippe, qui s'éteint. Il était atteint depuis plusieurs années de la maladie d'Alzheimer.

2011. Le vendredi 18 mars, elle s'éteint à son domicile à l'âge de 110 ans, entouré de ses enfants et des membres de la communauté fondamentale du mouvement.

La messe d'action de grâce est célébrée à Saint-Pierre-de-Chaillot, le 23 mars.

Présidée par Mgr Guy Thomazeau, évêque de Montpellier, elle est concélébrée par le père

Richard Escudier, représentant le cardinal André Vingt-Trois, archevêque de Paris, le père Bernard Quéruel, aumônier national du mouvement Sève, le père François Montfort, quatre frères dominicains : Bonaïti, Bizot, de Almeida, Lintanf; les pères d'Arbaumont, Campion, Fleuriot de Langle, de Fontbelle, Leparoux, et le père Esposito, curé de la paroisse. Étaient également présents deux pasteurs accompagnateurs de Sève : Jacques Lantz, de Berne, et Christian Barbéry, de Paris, ainsi que madame Johan Dauphin, diacre de l'Église anglicane de Paris.

SIGLES

DU	*La dynamique de l'universel*
FL	*Florilège*
HH	*L'homme est une histoire sacrée*
LA	*Marguerite Hoppenot, la liberté de l'amour*
NE	*N'éteignez pas l'Esprit*
NP	*Notes personnelles*
PA	*Prier c'est aimer*
PP	*Pleins pouvoirs à l'Esprit Saint*
PV	*Prières d'amour, prières de vie*
MM	*Midi sur le monde*
SE	*S'établir dans l'essentiel*
TF	*Le temps du feu*
VM	*Cette vie qui m'est donnée*
VR	*Vers le royaume*

I. ÊTRE

premier jour

PRIER, UNE ASPIRATION DE L'ÊTRE

L'homme est né enfant de Dieu. L'enfant a un « quelque chose » de son père. [...]
Tu es porteur d'un trésor, c'est ce germe divin, qui t'apparente à Dieu. Tu as dans ton cœur quelque chose de la nature de Dieu. Tout part de là. Alors ne va pas Me chercher dans les nuages. Cherche-Moi d'abord dans ton cœur. Les aspirations de ton cœur, c'est déjà Dieu qui te parle, qui t'appelle à un dépassement. Rentre dans ton cœur. Il te parle d'amour, de générosité, de lumière. Il te fait aspirer à tout cela. Il te fait aspirer à la communion. Tous ces appels sont ceux de Sa Vie. C'est le point de départ de notre quête insatiable du Dieu Vivant (NP).

La première question que nous pouvons nous poser au tout début de ce parcours de quinze jours que nous allons passer en compagnie de Marguerite Hoppenot est toute simple : « Comment pouvons-nous, dans ses pas, nous situer face à la prière ? »

Ce texte, majeur dans l'œuvre de Marguerite Hoppenot, et écrit en 1985, nous y aide.

Il nous montre bien, en effet, combien l'homme est lié à Dieu. Non pas comme pourraient l'être deux étrangers qui noueraient entre eux des liens extrêmement forts, mais bien comme deux êtres de même nature. L'homme, affirme Marguerite Hoppenot, est porteur selon son expression du *« germe divin »* qui nous fait non pas seulement appartenir à, mais être de la famille de Dieu. Le serviteur *appartient* à la famille, mais le fils *est* de la famille.

Cette identité de nature place donc notre prière dans le naturel de notre état. Quand nous nous adressons à Dieu, nous n'allons pas vers un extérieur à nous-mêmes. Nous n'allons pas à la découverte, ou, si on préfère, à la rencontre d'un étranger. Nous allons au « cœur de notre cœur ».

Prier devient alors simplement l'acte qui permet de raviver cette similitude d'état.

Et dans ce cas, notre prière devient efficiente. Regardons ce que dit le Christ en Matthieu, au chapitre 17 verset 20 : « Je vous le dis, en vérité, si vous aviez de la foi comme un grain de sénevé, vous diriez à cette montagne : Transporte-toi d'ici jusque là-bas, et elle se transporterait ; rien ne vous serait impossible. »

Il ne dit pas : « En réponse à votre prière, mon père déplacera les montagnes », mais bien : « Vous diriez à cette montagne : Transporte-toi d'ici jusque là-bas, et elle se transporterait ; rien ne vous serait impossible. »

C'est ce *« germe divin »* qu'évoque Marguerite Hoppenot qui, en nous, déplace les montagnes. Notre prière n'est pas simplement une demande, elle est une force de réalisation.

Mais que sont ces montagnes dont parle le Christ ? Où sont-elles ? Ces « montagnes » sont la plupart du temps à l'intérieur de nous. Ce sont nos faiblesses, ce sont nos inquiétudes. Eh bien, la prière peut aplanir ces montagnes, réduire ces faiblesses et combler notre inquiétude.

Et cela est vrai aussi au plus intime de nous-mêmes, au cœur de notre « être ». Notre prière nous construit. Elle répond directement à ce qui est bon pour nous.

Mais dans un cadre…

Oh, rassurons-nous, ce n'est pas un cadre restrictif. Bien au contraire ! Ce cadre est une fabuleuse ouverture qui nous dépasse, qui va bien au-delà de nous-mêmes, au-delà même de ce que nous pourrions désirer. Elle répond, comme en miroir, à la parole du Notre Père : *« Que ta volonté soit faite. »* Réelle et parfaite prière de demande.

Et, en nous projetant dans cette volonté paternelle d'amour, la prière nous entraîne au-delà de nous-mêmes. Elle nous place dans l'infini et l'absolu de Dieu. Elle nous fait dépasser les limites de notre fini, de nos contingences. On pourrait même dire alors : elle nous divinise. *« Nous sommes porteurs de plus grand que nous »,* répétait constamment Marguerite Hoppenot.

La prière du Christ, le jeudi saint, au jardin des Oliviers, est de ce même ordre. En effet, si on regarde bien ce qui se passe, on constate que la prière de Jésus est double : l'humain, en lui, *demande* que le calice s'éloigne de lui, mais le divin, en lui, *accepte,* dans la même prière, la volonté de son père : « Non pas ma volonté, mais la tienne. »

Il se conforme à la volonté du Père qui dépasse l'homme.

Il consent, et par ce consentement à la volonté du Père, il agit.

Notre prière se situe donc naturellement dans notre « être », en lui donnant son âme. Nous sommes des êtres de prière. Et la prière est le moyen de notre conversion.

Cela est vrai quel que soit notre état. Et, là encore, Marguerite Hoppenot nous éclaire. Elle écrit en 1963 :

Beaucoup d'êtres de bonne volonté, sincèrement désireux d'entrer dans une voie de fidélité à Dieu, sont troublés, désorientés, par la déchirante contradiction vers laquelle semble les entraîner la réalité quotidienne au sein de laquelle ils sont plongés. Comment pourrions-nous croire cependant que les conditions d'existence au milieu desquels le créateur plaça sa créature puissent être un obstacle insurmontable à sa vie d'union à Lui? Ce serait absurde. Puisque nous croyons que Dieu ne peut pas nous conduire ailleurs que du côté de la vie, cette lumière de foi doit obligatoirement nous apporter l'assurance supplémentaire que c'est bien à travers les sentiers quotidiens de notre existence humaine qu'il nous appelle inlassablement vers Lui (MM p. 181).

La grande difficulté, pour nous, en effet, est de connaître le but ultime de ce qui nous est proposé. Nous avons beaucoup de mal à dépasser l'instant présent de notre situation actuelle pour entrer dans la perspective éternelle de Dieu.

Marguerite Hoppenot, en 1936, a constaté combien il était difficile de résister « *aux trois tentations de l'avoir, du pouvoir et du savoir* », et a bien compris combien il pouvait être dur pour certains de vivre un esprit de pauvreté, de détachement et d'humilité pourtant si nécessaire pour faire grandir en nous ce « *germe divin* ».

Seigneur, lorsque je te laisse déverrouiller mon cœur
et dessiller mes yeux,
je te vois de moins en moins
comme un grand personnage inatteignable
ou très haut,
au-dessus de moi.

C'est toi qui te révèles peu à peu
comme une source vive au fond de mon être,
de mon cœur.
Deo gratias!

(1983, PA p. 25)

deuxième jour

DANS LA LUMIÈRE DE LA VÉRITÉ

Regardant le monde aujourd'hui et ce qui concerne le carrefour décisif de sa vie, je vois ce matin, avec une clarté éblouissante, [...] que la pierre angulaire de la famille, comme du monde, repose essentiellement sur cette petite clef d'or : la pauvreté de soi.
Celle-ci est-elle un but ? Non !
Mais elle est la rigoureuse condition de tout.
Elle est l'unique secret de l'amour fraternel... de tout foyer familial... comme de toute communauté ecclésiale...
Elle est en vérité la porte ouverte vers l'avenir du monde nouveau promis par Jésus-Christ. Elle est le secret de tout (NP).

Marguerite Hoppenot pouvait parfois donner l'impression de manier le paradoxe. Ce n'était pas vraiment le cas, mais sa clairvoyance, son originalité, sa foi à transporter les idées, et sa façon de regarder les événements pouvaient parfois surprendre, car tout cela lui permettait d'ouvrir constamment des horizons nouveaux.

À y bien réfléchir, ce texte qu'elle propose pour accompagner notre méditation et notre prière d'aujourd'hui est de cette même nature. Apparemment paradoxal.

Ce qui nous permet de vivre et d'être, affirme-t-elle, c'est la pauvreté de nous-mêmes. Il faut donc d'une certaine façon que notre ego diminue pour grandir et laisser éclater en nous la Lumière divine. Et s'efface pour laisser la place à Celui qui nous fait vivre, mieux même, à Celui qui est notre vie. Faire surgir, en fait, ce *« plus grand que nous, qui est en nous »*.

Nous sommes là dans la démarche de Jean le Baptiste. Démarche qui trouve son explication et sa raison profonde dans ce que saint Paul affirmera quelques années plus tard aux Corinthiens : « La folie de Dieu est plus sage que la sagesse des hommes, la faiblesse de Dieu est plus forte que la force des hommes. »

Dans cette ligne, Marguerite Hoppenot nous invite, tout logiquement, à nous revêtir de la force et de la sagesse de Dieu. Nous sommes donc bien là dans une reconnaissance de notre état, de notre être.

C'est une voie qu'elle a, elle-même, toujours suivie. Et, chose tout à fait étonnante, elle passait souvent, auprès de ceux qui ne la connaissaient pas, pour une personne impressionnante. Or elle était d'une admirable simplicité. D'une simplicité presque enfantine, sachant se réjouir et partager sa joie quand la prière, la méditation ou simplement la grâce de l'Esprit lui avait permis d'ouvrir une nouvelle porte. Il y avait même, en elle, une sorte de naïveté, mais de cette naïveté qui est, en fait, la naturelle simplicité des enfants du Père.

Elle qui aimait tant être comprise sans vouloir rien imposer. « *Êtes-vous d'accord ?.. Vous, qu'en pensez-vous ?* » Ces questions revenaient constamment dans les échanges qu'elle avait avec chacun de ses interlocuteurs.

Elle n'imposait pas. Elle partageait. Elle guettait même avec modestie ce que celui avec qui elle parlait pouvait lui apporter, comme le plus magnifique des trésors.

Elle savait parfaitement vivre la pauvreté d'elle-même.

Mais il ne faudrait pas en rester là. « *Celle-ci est-elle un but ? Non ! Mais elle est la rigoureuse condition de tout* », écrit-elle.

En effet, ce qui est merveilleux, c'est que ce chemin de la « pauvreté de nous-mêmes », loin d'être un appauvrissement, est un extraordinaire chemin d'épanouissement. En effet, nous pouvons avoir parfois la tentation de l'humiliation alors que nous devons vivre l'humilité. L'humiliation consisterait à nous abaisser sans autre but que de nous déprécier à nos propres yeux, à ne pas nous reconnaître à notre valeur. Mais cela d'une certaine façon est un terrible orgueil, car il nous fait penser que nous sommes les seuls maîtres de nous-mêmes. L'humilité, la pauvreté de nous, au contraire, nous permet d'aller à l'essentiel. Elle permet de reconnaître le bien qui est en nous, mais en sachant simplement que ce bien est plus grand que nous et qu'il est simplement ce qui, de Dieu, nous habite et nous fait être.

Et c'est cette *« petite clef d'or »* qui nous permet de savoir qui nous sommes. De nous révéler à nous-mêmes, et de ce fait nous faire entrer dans la lucidité. Une lucidité qui ne sera jamais complaisance. Car c'est cette lucidité qui nous permettra aussi, et peut-être même d'abord, de voir notre faille. De prendre conscience de tout ce que le Christ nous apporte pour restaurer en nous ce que nous étions dans le plan de Dieu. Comment en effet pourrions-nous prendre conscience de ce que nous sommes, si nous ne savons pas tout ce que Dieu a fait de nous, en nous envoyant son Fils ?

« Celui qui ne mange pas ma chair et ne boit pas mon sang n'aura pas la vie éternelle. »

Ce don de la vie éternelle que nous recevons en recevant le corps du Christ nous transforme. Il fait de nous des hommes nouveaux. Au même titre que le Christ est lui-même le nouvel Adam, nous sommes par sa grâce une création nouvelle qui dépasse l'homme que nous sommes. Et la pauvreté de notre ego est, comme le dit Marguerite Hoppenot, *« la petite clef d'or »* qui nous ouvre à l'éternité en Dieu.

Seigneur,
c'est Toi et Toi seul qui vis et inspires en chacun
tant de pressants appels à se dépasser soi-même.
N'est-ce pas Toi aussi, vivant déjà
à l'intime de nos cœurs,
qui suscites nos modestes fidélités à sortir,
si peu que ce soit,
de l'étroite prison de notre « moi » ?
Pour ma part,
si je ne suis plus mon propre centre et ma propre fin,
ce cercle infernal dont nul ne peut sortir
de lui-même,
je connais qu'en moi une Autre Vie,
tellement plus grande que moi, a pu seule,
faire se décentrer,
puis se retourner mon cœur et que cet Amour,
indéfiniment plus grand que mon amour,
c'est Toi, Seigneur.

Ainsi est-ce Ta Vie au secret de notre vie humaine,
qui nous « sauve » de nous-mêmes
et nous fait échapper à nos limites, à toute limite?

Noirmoutier, 18 septembre 1966
(VM p. 205)

troisième jour

ÉGALITÉ D'ÊTRE

Il faut rétablir l'égalité des personnes, ce qui ne veut pas dire la similitude. Nous ne sommes pas tous pareils du tout! Il y a des hiérarchies dans l'humanité. Mais cette égalité d'être, d'être à être : nous sommes dans des conditions différentes, ce sont les conditions qui sont différentes, mais les êtres sont égaux, nous sommes égaux en être.

Il faut que l'amour en nous s'emploie indéfiniment à rétablir les égalités d'être. Alors que l'on veut indéfiniment rétablir les égalités d'avoir, de savoir et de pouvoir. Ce n'est pas cela du tout! Il y a des différences dans l'avoir, le savoir et le pouvoir, mais il y a une égalité d'être dans l'amour, alors tout, peu à peu, contribuera à rétablir les liens de communauté. Voyez-vous la différence? Il faut que ce soit l'amour qui fasse la justice. L'égalité

dans l'avoir, le savoir et le pouvoir ne peut pas exister. Alors, on dresse les gens contre les autres…
Alors que le mystérieux travail de l'amour est de rétablir les égalités (NP).

Nous revenons un peu, avec ce texte, au départ du parcours que nous faisons en compagnie de Marguerite Hoppenot : nous revenons à l'être. Mais à y bien regarder, ce n'est pas une surprise. C'est au contraire une absolue cohérence. Car, pour elle, tout revient à l'être qui est né de l'amour, à l'Être qui est Amour.

Un jour, j'ai été arrêtée, stoppée, scotchée, pourrait-on dire, sur cette parole de « Dieu est amour » […] et puis j'entendais cette parole avec cette phrase de la Bible : « l'homme a été créé à l'image de Dieu ». L'homme est donc appelé à « être » et à « être amour » comme Dieu (NP).

Ce texte est tout à fait passionnant dans la mesure où, d'une certaine façon, il nous donne aujourd'hui une nouvelle clef. Les circonstances de la vie ne sont que le lieu, l'environnement, de la réalisation de l'être. Ce qui est important, ce ne sont pas ces circonstances, qui, elles, sont par nature toutes différentes, mais notre être.

Cela, toutefois, modifie radicalement notre regard : nous sommes tous égaux car porteurs de notre réelle identité d'enfants de Dieu, créés et aimés avec la même intensité, le même amour. C'est notre être même qui nous rend égaux, et cela, rien ne peut le changer. Notre être venant de Dieu, amour absolu, nous ne pouvons pas ne pas être égaux dans son amour.

Mais partant de cette réalité, tout change dans notre regard sur le monde et les autres. L'essentiel est l'Amour, le reste n'est que contingence. Et nous comprenons alors que seul l'Amour donne la vraie dimension de l'homme par ce que Marguerite Hoppenot appelait le *« germe divin »*.

L'homme se voit ainsi décalé, ou plutôt recalé, face à la création. Celui qui se rend compte de cela ne peut plus voir alors son rapport au monde et à ses frères qu'à travers le regard de Dieu.

Ce texte est aussi très intéressant si nous considérons un autre angle de cette réalité, car Marguerite Hoppenot ne nous entraîne pas dans une réflexion éthérée. Ce qu'elle nous dit, c'est du concret, on pourrait même dire du vécu. Marguerite Hoppenot avait les pieds sur terre. Elle savait ce qu'était la réalité du monde du travail.

Nous retrouvons ainsi dans ce court passage les trois mots qui reviennent très souvent dans son œuvre : « avoir, savoir et pouvoir », et qui sont souvent l'apanage des milieux favorisés dans la société. Il est aussi intéressant de constater que c'est en 1936, lors des dramatiques événements politiques et sociaux, en voyant les défilés dans lesquels les slogans portaient autant, sinon plus, la haine que l'espérance que Marguerite Hoppenot a eu cette intuition : l'avoir, le savoir et le pouvoir doivent, pour être « justes », être au service de l'homme.

> *Ma découverte que Dieu est amour et que l'homme est appelé à le devenir, à être et à être amour comme Dieu, à sa mesure certes, me fit faire la prise de conscience brûlante que ce sont justement les êtres qui possèdent les trois Pouvoirs du pouvoir, de l'avoir et du savoir qui suscitent haine et violence. Cette prise de conscience m'a bouleversée. Et le problème s'est alors posé à moi : les biens seraient-ils donc mauvais en eux-mêmes? Les biens ne sont pas seulement des biens matériels. Il y en a bien d'autres : l'intelligence, l'éducation, la culture mais aussi le sens artistique ou même les loisirs, les relations, etc. Tous ces biens seraient-ils mauvais?*
>
> *Certes non, pas du tout. Tout bien vient du créateur. Ce sont les talents de l'Évangile. C'est la réalité de la vie humaine. Cela m'a amenée à cette prise de conscience qui depuis ne m'a jamais quittée : les biens quels qu'ils soient sont des instruments de division s'ils sont aux mains d'un égoïsme « pour moi seul » et ils sont des instruments de promotion*

humaine et de communion fraternelle s'ils sont aux mains d'un amour « pour tous ».
Il est donc nécessaire que toute richesse soit un service d'amour de la communauté humaine, un bien orienté à la communauté, à la fraternité.
(Cité dans LA.)

C'est, au fond, ce que Pierre a eu tant de mal à comprendre quand le Christ lui a lavé les pieds. Est maître, non pas celui qui n'a pas de pouvoir, ce serait de l'impuissance, mais celui qui accepte ce pouvoir et devient serviteur, précisément au nom de ce pouvoir.

Et c'est peut-être une des choses les plus simples dans le fond, mais une des plus difficiles à accepter. Elle renverse en effet totalement la perspective humaine. Il serait alors plus simple de rejeter ces pouvoirs que de les recevoir et de les accepter en en devenant les serviteurs. C'est une tentation.

Cette intuition est absolument fondamentale.

En effet, Marguerite Hoppenot ne préconise pas de rejeter ces pouvoirs, elle ne condamne pas la richesse dans le domaine de l'avoir, elle ne néglige pas le savoir dans le domaine intellectuel, et elle ne déprécie pas, loin de là, le pouvoir dont elle connaît toute l'importance.

Mais ces trois domaines se révèlent un véritable défi pour l'homme que nous sommes.

Ces trois pouvoirs sont en fait une terrible responsabilité. Un joug très lourd. Un service permanent.

Notre prière, alors, nous conduira ce jour à d'abord accepter ces trois pouvoirs dans la mesure où ils nous sont non pas donnés mais confiés. Nous n'avons pas à rejeter au nom de je ne sais quelle modestie mal comprise ces talents que nous recevons. Nous avons au contraire à les développer, à les faire grandir en nous, à les faire devenir meilleurs. Le chef d'entreprise a à développer son entreprise, la faire réussir, quitte à être envié, calomnié, mais pour redistribuer pas seulement sur le plan pécuniaire mais aussi sur le plan moral et humain. L'intellectuel a à approfondir son savoir quitte à être vilipendé, critiqué, mal compris, pour le redonner à ceux à qui il s'adresse, élèves, lecteurs, etc., leur permettant ainsi de progresser eux-mêmes. Le dirigeant politique a à travailler à améliorer la société, rendre plus justes les rapports sociaux, quitte à être rejeté ou insulté, et cela non au profit d'un clan mais au bénéfice de la société tout entière.

Et chacun de nous, à sa place, a à assumer cette même démarche.

En acceptant même parfois de partager la prière du Christ au jardin des Oliviers.

« Père, que ce calice s'éloigne de moi, mais non pas ma volonté mais la tienne. »

Apprends-nous que tout pouvoir,
toute possession, tout privilège
portent leur contrepoids d'exigence
et de responsabilités
et n'ont de sens que pour le service.

Apprends-nous que toute vie, si modeste soit-elle,
porte en elle sa grandeur, si nous la vivons avec toi.

Apprends-nous à servir sans jamais nous servir,
à donner même de notre nécessaire,
à recevoir et même à demander
parce que tout bien vient de toi.

(PA p. 102)

quatrième jour

HUMAIN ET DIVIN, IL LE FIT
LA VISITATION

La Visitation apparaît en quelque sorte comme le vivant prolongement du dialogue avec l'Ange. Elle est la réponse du Seigneur à sa servante, l'indication muette mais tangible et, de ce fait, indubitable pour Marie, de l'accomplissement de la promesse. […]
Par la Visitation le Seigneur lui confirme l'intervention divine dont elle avait été l'objet et, par avance, lui en dévoile concrètement l'inconcevable portée. […]
Quand comprendrons-nous aussi que Dieu nous a pleinement associés au mystère de sa vie et que pour s'exprimer, son amour et sa lumière ont voulu avoir besoin de ses enfants pour que toute Visitation puisse accomplir pleinement le dessein de Dieu ? Elle exige donc une double fidélité : celle du visiteur mais aussi celle du visité (VM p. 120).

À travers le regard que Marguerite Hoppenot porte sur une des scènes de l'Évangile qu'elle affectionnait particulièrement, la rencontre entre Marie et Élisabeth, et, à travers elles, entre Jésus et Jean, Dieu et l'humanité, notre prière est entraînée ce matin encore une fois dans une méditation sur l'Être et sur l'Amour, ces deux réalités indissociables qui nous rapprochent du Père.

Marguerite Hoppenot, qui vivait si profondément dans sa vie quotidienne cette relation à Dieu et aux autres, nous invite à voir la signification de cette merveilleuse rencontre et à aller peut-être encore plus loin dans cette intelligence de l'union de Dieu et de l'homme. Elle qui aimait dire en parlant de la création de l'homme : « *Homme et femme, il le fit* » nous propose, d'une certaine façon, un autre aphorisme : « *Humain et Divin, il le fit.* »

Nous sommes en effet de terre et de souffle. C'est notre être profond, celui que nous révèlent, dans leur grande sagesse, les auteurs anonymes des livres de la Genèse. Notre nature est double en effet. Non pas dans le sens d'une duplicité, mais dans le sens d'une dualité d'origines qui se fécondent mutuellement.

Et cela révèle dans notre nature richesse et pauvreté. Richesse de porter en nous ces deux natures, mais pauvreté qui conduit parfois à l'interrogation et même à l'angoisse si nous rejetons une de nos deux origines, de ne pouvoir être complet en n'étant seulement qu'une part de nous-mêmes, souvent la glaise dans le matérialisme. Car cet état est une porte, à la manière de la Trinité : relation du Père et du Fils, en l'Esprit qui génère la création.

À cette aune, nous ne pouvons être nous-mêmes que dans la relation, au-delà de notre être. Relation intime à Dieu à travers notre nature humaine, née de la glaise, et relation tout aussi intime aux hommes à travers notre nature divine, née de l'Esprit.

Nous avons trop souvent tendance à voir dans la relation intime de l'homme et de Dieu une hiérarchie : Dieu se serait abaissé à rejoindre l'homme, comme un maître tendrait la main à son esclave.

Mais l'amour n'entre pas dans ce jeu des hiérarchies. Ce qu'il y a d'extraordinaire, c'est que Dieu s'est abaissé, non pas à devenir homme, mais à dépendre de l'homme. Il a accepté d'avoir autant besoin de l'homme que l'homme a besoin de lui.

Ce que Marguerite Hoppenot résume d'une certaine façon quand elle écrit : « *La vraie relation de l'homme avec Dieu ne s'établit donc pas de sujet à divinité, mais d'un "être" à celui qui est "l'Être".* »

Dieu nous a faits à son image mais il a voulu aussi être à la nôtre. Mystère étonnant et insondable de notre relation filiale ! La relation est en effet toujours à double sens. Si le fils n'existe que parce qu'il a un père, le père n'existe que parce qu'il a un fils. La nature de l'un dépend totalement de l'existence et de la nature de l'autre.

Et aussi étonnant voire paradoxal que cela puisse apparaître, cette double identité seule permet de nous unifier. L'unité venant de l'association, de l'union des complémentarités et non de l'uniformité, nous ne pouvons être vraiment unifiés que lorsque nous sommes au moins deux. Et par son amour pour nous, Dieu a placé cette unité au cœur même de notre être.

Marguerite Hoppenot, dans ce court passage, ouvre une autre perspective. Dieu a besoin de l'homme pour confirmer son amour pour nous. Voilà que Dieu se fait dépendant de l'homme aussi pour être reconnu comme Père. Merveilleuse et inconcevable humilité de Dieu.

Et cela nous permet de nous aventurer encore plus loin. Dieu ne vient pas nous chercher au plus bas. Il nous invite à l'y rejoindre car il y est déjà. Nous avons trop tendance peut-être à voir Dieu au plus haut, mais dans l'absolu de son être il est aussi et déjà au plus bas. Comme le dit saint Paul aux Philippiens : « Mais il s'est anéanti prenant la condition de serviteur devenant semblable aux hommes. Reconnu homme à son aspect, il s'est abaissé devenant obéissant jusqu'à la mort, et la mort de la croix. C'est pourquoi Dieu l'a exalté. »

Marguerite Hoppenot insiste aussi sur cette double fidélité nécessaire, fidélité du visiteur et aussi fidélité du visité. Là encore elle nous conduit à mettre l'accent sur un point essentiel de la relation. L'Amour n'existe que s'il est réciproque. Il n'est pas d'amour dans un seul sens. Il peut y avoir désir, voire désir d'amour, mais si le désir ne se transforme pas en amour par la réciprocité, il ne conduit qu'à la souffrance et au malheur.

Extraordinaire don de Dieu. Dieu laisse l'homme libre ; Il lui permet de ne pas répondre à son désir. Dans notre vie quotidienne, dans nos relations d'amour, notamment dans ce qu'on appelle les « liens du mariage » – en précisant bien ce que veut dire le terme « lien » qui n'est en rien une prison mais une possibilité d'union comme le lien qui permet au bouquet de tenir –, la fidélité ne se situe pas essentiellement chez l'un ou l'autre des conjoints mais dans leur relation, donc dans le couple lui-même.

C'est bien en ce sens que Marguerite Hoppenot précise la nécessaire fidélité du visiteur et du visité.

Dans ce contexte, que devient notre prière de ce matin ? Elle est simplement un mot d'amour, un instant de tendresse. Elle est l'ouverture sur la relation à tous nos frères, portée par la relation à notre Père et la relation à Dieu en union avec toute la création. Elle permet à chacun d'entre nous d'offrir et de devenir offrande de toute sa vie. Et plus encore, notre prière rejoint alors la prière que Dieu lui-même adresse à l'homme.

Que constatons-nous quotidiennement ?
Nous prions Dieu, nous lui demandons tout,
nous le supplions par exemple de nous donner la paix.
Mais… n'est-ce pas lui qui nous demande de faire
la paix en nous, autour de nous, dans le monde ?
N'est-ce pas lui qui nous demande de donner du pain
à ceux qui ont faim ?

Si nous vivons l'amour, si nous incarnons l'amour
si peu que ce soit,
nous allons progressivement devenir fils
à notre petite mesure,
en « nous accordant » à Celui qui est l'Amour.
La prière chrétienne m'apparaît ainsi être
une prière « d'accordailles » d'amour,
une prière d'incarnation.
Quel renversement de perspectives !

(PA p. 80)

II. AIMER

cinquième jour

UNE LOI UNIVERSELLE

Pourquoi, pendant des générations, le peuple chrétien fut-il d'abord assujetti à une morale avant d'être saisi par l'annonce révolutionnaire de la loi d'amour et marqué au cœur du seul sceau chrétien authentique : « On vous reconnaîtra à ce que vous vous aimez les uns les autres » ?
Cette loi d'amour qui devait à jamais abolir l'ancestrale loi du plus fort au sein du peuple de Dieu et lui ouvrir à nouveau la voie du paradis perdu, n'a-t-elle pas été bien longtemps, par une sorte d'aveuglement et de complicité collective, la grande méconnue au sein même des peuples occidentaux, porteurs de la civilisation dite chrétienne ? (VM)

Marguerite Hoppenot écrit ce petit texte en janvier 1967. Nous sommes alors à quelques mois de la déflagration de mai 1968, pas seulement en France mais partout dans le monde. Et on a envie de dire qu'elle va encore à l'essentiel. Il nous prend même un regret, celui qu'elle n'ait pas été entendue à l'époque. Sa voix est en effet prophétique et toujours d'actualité. Seul l'amour peut, non pas remplacer une morale oppressante, mais la dépasser dans l'exigence augustinienne :

« Aime et fais ce que tu veux. Si tu te tais, tu te tais par amour ; si tu cries, tu cries par amour ; si tu corriges, tu corriges par amour ; si tu épargnes, tu épargnes par amour. Qu'au-dedans se trouve la racine de la charité. De cette racine rien ne peut sortir que de bon. »

Avec toujours cette même fulgurance, Marguerite Hoppenot voit le fond des choses. Elle identifie le problème : la soumission de l'homme à la loi dans ce qu'elle a de « restrictif », pas dans ce qu'elle a de positif. Car il y a du positif dans la loi, quand elle n'asservit pas l'homme mais quand elle lui permet de s'appuyer sur elle, à un moment de faiblesse.

La loi doit être une aide, pas une contrainte.

La force de l'amour est d'être force, non pas sans contrainte mais dans une exigence constructive. Ce n'est pas le cas de la loi : « Le shabbat est fait pour l'homme et non l'homme pour le shabbat », réplique le Christ aux pharisiens, tout au début de son ministère (Mc 2,27).

Marguerite Hoppenot, d'une certaine façon, insiste. La loi, quand elle n'est pas portée par l'Amour, empêche l'Amour de s'exprimer. Et la loi, elle-même, alors se dénature. La seule loi véritable, c'est ce *« sceau chrétien authentique : "On vous reconnaîtra à ce que vous vous aimez les uns les autres." »*

Il est un autre point tout à fait intéressant dans ce petit texte.

Marguerite Hoppenot emploie ce terme absolument extraordinaire en 1967, le terme *« révolutionnaire »* : *« par l'annonce révolutionnaire de la loi d'amour »,* écrit-elle.

Oui, elle voit la révolution, mais pas celle qui viendra. Celle qui est déjà là. Non pas celle qui renverse les pouvoirs, mais celle qui a déjà renversé l'ancien monde, la révolution de l'Amour. Cette révolution qui bouleverse les cœurs et leur permet de se tourner non plus vers eux-mêmes mais vers celui qui est l'Amour, Dieu père.

Cette révolution de l'Amour, ou plutôt de l'être qui est appelé à devenir amour, est nécessaire. Elle seule est porteuse de vie et d'accomplissement de l'être.

On a souvent tendance à voir dans l'amour une relation entre Dieu et l'homme ou entre les hommes eux-mêmes, alors que l'amour est un état en perpétuel devenir, afin de passer d'aimer à être amour. *« Aimer c'est faire exister »,* comme l'écrit Marguerite Hoppenot. Si cela est vrai pour Dieu qui est Amour, cela est vrai aussi pour chacun d'entre nous.

« L'amour est une attitude fondamentale d'ouverture au-delà de soi », affirme-t-elle encore. L'Amour nous donne notre véritable dimension. C'est l'amour qui nous entraîne vers les autres, et qui nous pousse à… aimer.

Qui serais-je si je n'aimais pas ? Un mort. Un cadavre.

Mais si j'accepte d'aimer, si je consens à cet essentiel et m'abandonne à lui, Dieu, lui-même, me fait partager sa vie, à travers le Christ qui a partagé la nôtre.

> *Le partage de sa Vie, n'est-ce pas précisément cela le don de Dieu, sa « grâce », ouvrant à l'homme, et la voie infinie du mystère de Dieu et celle de l'ultime étape de l'évolution de sa propre vie ? N'est-ce pas la clé de l'affirmation : « Dieu est amour ? »* (VM p. 36.)

Mais ne peut-on pas voir aussi dans ce texte une invitation à vivre personnellement dans le plus intime de notre cœur, cette même démarche, ce même bouleversement, cette même révolution ?

Viennent alors les questions fondamentales auxquelles nous ne pouvons pas échapper : quelle est la morale qui nous enserre? Quel sera l'amour qui nous libérera?

La prière humble et quotidienne, le regard lucide et confiant sur notre vie peuvent nous y aider. Notre prière, toutefois, n'est pas une simple supplique. Comment pourrions-nous demander à Dieu d'agir en notre cœur sans que nous-mêmes agissions?

Notre prière nous entraîne, de ce fait, à un chemin sur les pas de Celui qui nous a précédés en Galilée, à une prise de conscience. Elle nous invite à rechercher la grande liberté du Christ, car *« Dieu n'appelle plus sa créature à la seule obéissance, mais à la fidélité et donc à la liberté de l'Amour »* (VM p. 200).

Ce « travail » sur nous-mêmes, cette action choisie et acceptée, peut être aussi, si cela est nécessaire, un simple et total abandon, une « démaîtrise », un lâcher-prise, comme elle aimait le dire. Si nous ne nous sentons plus capables de mener notre barque dans la tempête, n'ayons pas peur d'appeler le Christ à notre secours comme le firent les apôtres (Mt 8).

N'ayons pas peur enfin, s'il le faut, de ne pas toujours comprendre, mais seulement d'aimer.

Mon Dieu, je te rends grâce pour ta gloire…
et pour cette inexprimable beauté
qui fait pressentir ta grandeur.
[…]
Je te rends grâce d'être « celui qui est »
et de m'aimer telle que je suis…

Je te rends grâce de m'avoir fait le cœur aussi petit
et de le faire devenir toi-même si grand
afin qu'à mon tour je puisse t'aimer
comme tu as soif d'être aimé…
et rassembler dans mon cœur tout l'univers
pour l'offrir à ton Amour!

(PA p. 26)

sixième jour

LE VESTIBULE DE L'AMOUR

Aimer, cela commence par un sentiment, un attrait. Mais le sentiment est le vestibule de l'amour. Aimer, c'est faire être. Je t'aime, j'ai foi en toi, je crois en toi, tu portes en toi quelqu'un de plus grand que toi.
Tu portes en toi ton devenir et c'est mon amour qui va t'aider à devenir celle ou celui que tu dois être et non pas celle ou celui que je voudrais que tu sois (NP).

Ce petit texte qui va accompagner notre prière aujourd'hui est particulièrement riche. Il peut, en effet, être lu dans tous les sens : amour humain, d'abord, qui englobe tous les registres de la relation entre les êtres, dans le cadre de l'amour ou de l'amitié, homme femme, parent enfant, indigène étranger, etc. Mais aussi amour de

Dieu pour l'homme et amour de l'homme pour Dieu.

L'amour, comme l'affirme Marguerite Hoppenot, est la base de la relation à l'autre. Et ce premier « autre » pour l'Homme, c'est Dieu lui-même, et pour Dieu, c'est, par choix, l'Homme.

Ce « par choix » est important. Dieu, en effet, choisit d'aimer l'Homme au point de le créer, de le « faire être ». L'amour de Dieu est premier. Dieu est l'« être » absolu, pas en tant qu'être suprême comme ont voulu le qualifier les révolutionnaires de 1789, mais en tant que Celui qui est : « Je suis celui qui suis. »

Et Marguerite Hoppenot ajoutait même : *« C'est dans la nature même de Dieu d'être amour; Il est amour dans un présent continu. »*

Dieu ne nous aime pas parce que nous existons, nous existons parce qu'il nous aime. L'amour est au commencement de tout. Nous pouvons lire dans le prologue de saint Jean :

« Au commencement, lorsque Dieu créa le monde, le verbe existait déjà; celui qui est le verbe était avec Dieu, et était Dieu. Il était donc avec Dieu au commencement. Dieu a fait toute chose par lui; rien de ce qui existe n'a été fait sans lui. En lui était la vie, et cette vie donnait la lumière aux hommes. »

L'homme, lui, ne peut aimer son prochain, son conjoint ou ses amis, et même ses enfants, que parce qu'ils existent déjà. Il nous faut renverser la formule : l'homme, chacun d'entre nous, est né parce que Dieu l'a créé par amour.

« Aimer, c'est faire être », affirme encore Marguerite Hoppenot. Dans sa concision, cette formule est, elle aussi, très riche.

Dans un premier temps on peut se demander s'il existe une autre possibilité de faire être, que d'aimer. Et, à y bien réfléchir, la réponse est non. L'existence, la vie, n'est donc que le fruit de l'amour.

Dans un deuxième temps, on pourrait avoir envie de retourner la formule et d'affirmer : « Faire être, c'est aimer. » L'immense faille que l'on peut alors constater à l'intérieur de nous-mêmes montre ce qu'est réellement le péché : un vide d'amour. Dans notre non-accomplissement nous pouvons prendre conscience de tout ce qu'il nous manque pour aimer et faire être.

Notre prière est donc bien cet appel à aimer, à faire être non seulement ceux que nous aimons, mais d'abord nous-mêmes. Il en va de notre existence même.

« Au soir de la vie nous serons jugés sur l'amour, sur la proximité et sur la tendresse envers les frères. De cela dépendra notre entrée ou non dans le royaume de Dieu », proclame le pape François, le 23 novembre 2014.

Aimer, c'est croire en l'autre, aimer, c'est devenir l'autre sans cesser d'être soi.
L'amour n'est pas seulement sentiment, le sentiment est le vestibule de l'amour. Le sentiment est le signe qu'il va falloir aimer.
L'amour n'est pas seulement sentiment, c'est une attitude d'ouverture à l'autre, au-delà de soi (NE).

Marguerite Hoppenot, qui accordait une très grande valeur au mariage civil, ne réduit pas l'amour entre deux êtres qui s'attirent, quand elle parle du sentiment comme du *« vestibule de l'amour »*. Elle lui donne même une place extraordinaire. Il est d'une certaine façon le moteur, la graine de l'amour. *« Le sentiment est le signe qu'il va falloir aimer »*, disait-elle. Et qu'y a-t-il de plus beau qu'un signe? Il est l'étoile des mages. Il est l'ange du Seigneur. Il est le révélateur de l'être.

Le sentiment est nécessaire, mais il ne faut pas en rester là.

Car le signe engage. *« Il va falloir aimer »*; précise-t-elle.

Il ne faudrait alors pas voir non plus dans cette comparaison un rabaissement du sentiment quand elle parle du vestibule de l'amour. Marguerite Hoppe-not accorde à ce vestibule de l'amour toute sa valeur.

Ce passage par le vestibule de l'amour est nécessaire, mais toutefois pas suffisant, comme aurait pu le dire son père, monsieur de Marchena, en grand scientifique qu'il était.

Notre prière, d'une certaine façon, est aussi ce vestibule de l'amour. Il nous faut apprendre à le dépasser. La prière nous conduit à une union véritable avec le Seigneur. Mais, pour reprendre la comparaison de Marguerite Hoppenot, il nous faut nous aussi passer par un vestibule.

Ce vestibule, ce sont à la fois les mots de la prière et la disposition du cœur.

Nos mots, dans la prière, ont toute leur importance. Ceux que nous reprenons parce qu'ils nous correspondent, parce qu'ils sont adaptés aux circonstances de notre vie. Ceux qui viennent de la grande tradition de l'Église, nous permettant de mettre nos pas dans ceux des grands priants qui nous ont précédés. Ou enfin les nôtres, parce qu'ils surgissent naturellement de notre cœur... Tous ces mots nous préparent à la vraie prière, la prière intérieure, la prière de la rencontre avec Dieu. Les mots alors ne sont plus nécessaires.

La prière en silence n'est pas une non-formulation orale de ces mots, le silence de la prière, c'est nous laisser pénétrer par Dieu, c'est d'une certaine façon faire le vide en nous pour que non seulement Il trouve sa place, mais qu'Il ait toute la place dans notre cœur.

N'hésitons pas à nous couler dans ces mots.

Mais n'hésitons surtout pas à les dépasser, à les franchir, pour entrer dans ce salon de la prière qu'est l'intimité avec Dieu.

Gardons-nous d'oublier cette exigence méconnue
de ne jamais arrêter le courant de vie divine en lequel
[…]
nous sommes compromis
et dont nous sommes responsables.
Ce courant est précisément celui de l'Esprit Saint.
Né du mutuel Amour du Père et du Fils,
il est pour nous aussi cet Esprit de communication qui
[…]
engendre la communion, d'où naît la vie.

(VM)

septième jour

MYSTÈRE D'ÉCHANGE

Il ne suffit pas de réfléchir sur l'amour, ni de parler d'amour, il faut vivre l'amour.
On ne vit pas l'amour à soi tout seul. L'amour est une aventure de relation, de communication, une aventure d'union.
Vivre l'amour, c'est vivre le mystère de Dieu qui est l'Amour.
L'amour est un mystère d'échange, par la mutuelle sortie de son « moi égoïste » vers l'autre. C'est une aventure de don de soi à l'autre mais aussi d'accueil de l'autre.
Il exige un véritable apprentissage. L'amour est un long chemin de moi vers l'autre, l'autre mon frère, qui est le chemin de l'Autre absolu, Dieu. « Comment peux-tu aimer Dieu que tu ne vois pas si tu n'aimes pas ton frère que tu vois ? » (1 Jean 4,20) (PA)

Vivre le mystère de Dieu. Sublime constatation et étonnant paradoxe. Nous ne sommes pas, en effet, à la taille de l'amour qui est en nous et qui nous anime. L'amour est plus grand que nous puisqu'il est Dieu lui-même, et il habite en nous. *« Tu portes en toi quelqu'un de plus grand que toi »,* répétait souvent Marguerite Hoppenot. Et par cette mystérieuse et vivifiante présence, nous sommes plus grands que nous-mêmes. C'est tout le miracle de la vie de l'homme, enfant chéri de Dieu.

Marguerite Hoppenot nous invite aujourd'hui à faire entrer notre prière dans ce mystère de la vie et de l'amour, et à méditer sur ce don qui va au-delà de toute espérance. « Le don gratuit de Dieu, c'est la vie éternelle en Jésus-Christ, notre Seigneur », affirme saint Paul aux Romains (Rm 6,23).

Marguerite Hoppenot vivait de ce mystère, elle qui associait avec bonheur les mots *vie* et *amour.* *« L'Amour fait être »,* disait-elle.

À sa suite, nous pouvons nous réjouir. Dieu nous a donné cette porte d'entrée dans Sa vie : l'amour, comme la petite graine qui deviendra un grand arbre si nous sommes capables d'ouvrir cette porte et de laisser pousser cet arbre.

Mais cette situation nous projette en avant. Elle nous fait toujours aspirer à être plus grands que nous, à, d'une certaine façon, retrouver notre « être » des origines. Nous ne pouvons nous contenter de nous-mêmes. Notre âme ne sera comblée que lorsqu'elle retrouvera cet instant premier de la Vie, qui est simplement la volonté du créateur. Et la prière d'abandon à la grâce est ce moyen d'entrer en contact avec notre désir profond : Dieu.

Si nous savions alors aller à ce plus grand que nous portons en nous, nous vivrions déjà dans la sainteté de Dieu, ou, pour reprendre une expression de Marguerite Hoppenot, nous nous *« établirions dans l'Essentiel »*.

« L'amour, ajoutait Marguerite Hoppenot, *est une aventure de don de soi à l'autre mais aussi d'accueil de l'autre. »*

Et cet accueil de l'autre va bien plus loin qu'une généreuse attitude qui nous ferait accepter l'autre jusque dans ses défauts si cela était nécessaire. Accueillir l'autre, c'est aussi accueillir l'amour de l'autre. C'est se laisser aimer.

Voilà certainement une dimension qu'on oublie assez souvent quand on parle d'amour. On a toujours l'impression qu'aimer, c'est donner. Marguerite Hoppenot nous rappelle qu'aimer, c'est aussi recevoir. Et curieusement, cela peut être parfois beaucoup plus difficile. Donner gratifie celui qui donne. Recevoir, c'est accepter de vivre de ce que nous donne l'autre. C'est une attitude de mendiant. C'est l'humilité vécue.

On peut, peut-être, refuser d'aimer. Mais il y a pire : on peut refuser d'être aimé. Et refuser d'être aimé peut conduire à la mort de celui qui aime. Le Christ sur la croix meurt de ce que les hommes ne se laissent pas aimer. Lui, l'amour absolu, le Fils envoyé du Père et rejeté par les vignerons, qui non seulement ne l'aiment pas mais refusent son amour jusqu'à le mettre à mort (Mt 21,33-39).

Saint François d'Assise, le Poverello, avait bien compris ce drame de l'amour, lui qui parcourait les plaines d'Ombrie en se lamentant et pleurant à cette terrible constatation : « L'amour n'est pas aimé. »

On ne meurt pas toujours de ne pas être aimé, mais on meurt certainement de ne pouvoir aimer.

Se laisser aimer… devient donc une nécessité vitale et absolue. Aimer et se laisser aimer, par Dieu d'abord mais aussi par ses frères. Tous ses frères, qu'ils soient amis ou ennemis. Cela dans la ligne directe de ce que disait le Christ à ses disciples quelque temps à peine après avoir proclamé les béatitudes sur la colline de Galilée, au bord du lac de Tibériade.

« Vous avez appris qu'il a été dit : Tu aimeras ton prochain, et tu haïras ton ennemi. Mais moi, je vous dis : Aimez vos ennemis, bénissez ceux qui vous maudissent, faites du bien à ceux qui vous haïssent, et priez pour ceux qui vous maltraitent et qui vous persécutent, afin que vous soyez fils de votre Père qui est dans les cieux ; car il fait lever son soleil sur les méchants et sur les bons et il fait pleuvoir sur les justes et les injustes » (Mt 5,43-45).

L'absolu. C'est là, la vraie taille de l'amour. Aimer et se laisser aimer : les deux faces nécessaires du même mystère.

Marguerite Hoppenot, une nouvelle fois, nous provoque en nous invitant à regarder encore plus loin. *« On ne vit pas l'amour à soi tout seul... »* écrivait-elle.

> *Comment pourrions-nous nous arrêter tant que le monde de nos frères n'est pas entré dans la danse, dans la ronde de l'Amour, tant que tous les hommes n'ont pas eu la possibilité d'être éclairés par cette lumière de Vie, de se chauffer à ce feu jusqu'à s'y brûler et devenir ce feu même, l'Église du Christ, foyer du monde !* (TF p. 186)

Partager l'amour, en effet, ne veut pas dire seulement que l'amour naît de la relation, même si cela est nécessaire, mais que cet amour doit être partagé, diffusé. On oserait même le jeu de mots : « transfusé ».

L'amour, comme la vie, meurt s'il ne se transmet pas. C'est le drame des êtres inféconds, sachant toutefois que la fécondité peut s'exercer dans de nombreux domaines, pas seulement le domaine de la procréation des enfants. Une vie qui ne se transmet pas s'évanouit.

Un amour qui ne se transmet pas s'étiole avant de disparaître du cœur même de celui qui le portait en lui. Mais l'amour qui se transmet est le chemin vers Dieu.

L'amour est donc bien le moteur de la vie que rien ne peut arrêter…

« Toute l'eau des océans ne suffirait pas à éteindre le feu de l'Amour. Et toute l'eau des océans serait incapable de le noyer » (Ct 8,7).

Ainsi es-tu, jusqu'à la fin des temps,
la révélation vivante de Toi-même,
le dynamisme divin de notre vie humaine
et le principe surnaturel, combien mystérieux,
du développement de Ta Vie en nous
jusqu'à notre accomplissement en Toi,
l'éternelle vie !

Étant Dieu fait homme, Seigneur,
tu es donc Dieu fait « nous »,
pour qu'au long de la route
nous puissions progressivement devenir
chacun « Celui que fit ton amour »,
cet être créé à Ton image,

né de Ta vie
et destiné à s'achever pleinement en Toi.

(VM p. 244)

huitième jour

LA JOIE DE L'AMOUR

La foi n'est pas, seulement, l'adhésion à des vérités, mais don de nous-mêmes à « Quelqu'un ». […]
Il n'est donc plus question de croire partiellement à ceci ou à cela, mais de croire tout court, c'est-à-dire donner sa foi à quelqu'un en qui désormais nous croyons, à qui, en connaissance de cause, nous donnons notre confiance au point de nous donner nous-mêmes à lui. […]
Car la foi est bien une aventure ; elle n'est en rien un aboutissement qui est en règle et nous donne enfin la sécurité. La foi est, en vérité, le début d'une folle aventure, celle d'une vie nouvelle que nous allons poursuivre avec nos frères, le regard à tout jamais fixé sur « Quelqu'un » pour vivre désormais dans sa Lumière et dans sa Vie (TF p. 109).

Quel bonheur ! Voilà certainement un des plus beaux textes de Marguerite Hoppenot. Il rayonne de joie. De cette joie éternelle et fragile de la foi. Quelle plus belle expression en effet que « *la folle aventure de la foi* » comme elle qualifie cette relation à Jésus-Christ ! Et surtout quelle plus belle réalité, la folie de la foi !

On est loin, là, d'une sagesse, d'un catéchisme, d'une morale, d'une règle, d'une loi au sens restreint du terme. Aimer, voilà la loi. La seule loi.

Et toujours avec cette intuition vive qui la caractérisait si bien.

Mais ne nous y trompons pas, c'est peut-être aussi un de ses textes les plus puissants, car il va à l'essentiel, et comme toujours, à la vitesse de l'éclair.

Ce matin, grâce à ces quelques lignes, notre prière peut aussi laisser éclater notre joie. Cette joie qu'elle-même exprime et qui rejoint si bien le sourire qui a toujours éclairé son visage jusqu'aux dernières heures de sa vie. Marguerite Hoppenot avait un secret. Elle était une amoureuse. Amoureuse de Philippe, son mari, qui fut le grand homme, le grand amour de sa vie, avec qui elle a tant partagé et avec qui elle a marché si longtemps sur les traces du Christ.

Il fallait l'entendre parler de lui. Elle revivait cette soirée du 28 janvier 1920. Ce soir où par hasard – mais y a-t-il un hasard, n'est-ce pas seulement la Providence ? – Marguerite Hoppenot a rencontré, dans un salon parisien, ce jeune danseur qui quelque temps après leur rencontre allait lui poser cette question apparemment insensée qui a orienté toute leur vie : « Est-ce que vous aimez Dieu? »

> *Ce jour-là j'ai vraiment senti que Philippe serait mon unique amour car je l'aimais déjà. J'ai senti également de façon fulgurante que non seulement il serait l'unique amour de ma vie, mais que là serait ma vie.*

Mais tout ne sera pas facile. Si elle est certaine de cet appel à l'amour, deux obstacles vont se dresser sur sa route. Le premier, c'est Philippe lui-même. Il partage avec elle *« cet amour profond et vital pour Dieu »*, mais il n'est pas certain de la façon par laquelle il va y répondre. La vocation du mariage ne lui semble pas une évidence. Et le second obstacle est curieusement et mystérieusement Marguerite elle-même. Elle accepte l'éloignement que lui imposent ses parents en l'envoyant plusieurs mois en Angleterre pour la « protéger » de ce jeune garçon, certes brillant, mais qui leur semble un peu trop proche, ne comprenant pas la profondeur et la clarté de leurs sentiments. Marguerite accepte cette épreuve et, par là, nous montre une voie qui sera pour elle un chemin quotidien. Elle vit en effet la réponse à son amour dans une humilité parfaite. Une humilité quasi mariale.

Et c'est dans ce contexte que son amour pour Philippe devient la réponse humaine à son amour pour Dieu. Prodigieuse valorisation du mariage.

Et il peut en être de même pour chacun d'entre nous.

Une nouvelle fois, Marguerite Hoppenot nous offre une clef. Une vie nouvelle offerte par la foi, par la rencontre avec ce Jésus-Christ qui a redonné à l'homme sa nature initiale. Sa nature d'enfant de Dieu.

Elle nous la donne en nous signifiant ce merveilleux mouvement, cet extraordinaire ballet qui se danse à trois. L'homme main dans la main, cœur à cœur, avec ses frères, et le regard tourné vers Dieu.

Son histoire d'amour humaine est née d'une valse, son histoire d'amour avec Dieu se joue de la même façon et elle nous entraîne dans cette danse.

Et là encore, elle nous invite à modifier notre regard de façon extraordinaire. Ce n'est pas sous le regard de Dieu que nous vivons mais les yeux tournés vers lui. Non dans une attitude de soumission qui peut entraîner un contrôle de soi, donc une maîtrise de la situation, mais dans une attitude d'enfant qui lève les yeux, plein d'amour, vers sa mère et qui n'attend qu'une chose d'elle, qu'elle le prenne dans ses bras. Ce geste alors est vraiment le geste de la joie née de la confiance en celui que notre cœur contemple.

L'amour est don, affirme-t-elle. Nous avons tendance à voir en Jésus-Christ celui qui se donne. Marguerite Hoppenot insiste bien. Notre relation à Dieu est un don total, dans la réalité de notre vie humaine. Se donner entièrement ne veut toutefois pas dire renoncer à notre spécificité humaine qui met en première place l'amour de l'homme et de la femme. Là aussi est le don.

L'amour est au cœur de tout. De toute vie, de toute prière, de toute relation.

Notre amour humain, et principalement dans les couples, est le reflet de notre amour pour Dieu.

Ce petit texte nous permet d'aborder aussi un autre grand mystère de l'amour.

La souffrance ne l'a pas épargnée. Elle a connu la douleur immense de perdre deux enfants dont Manuel, celui qu'elle appelait *« l'enfant de ma vocation »*.

Marguerite Hoppenot nous fait entrer dans ce mystère de la foi qui fait que la joie profonde dépasse, surpasse, la souffrance. Elle est en effet d'un autre ordre. Il nous est possible de rendre grâce à Dieu dans la plus absolue souffrance.

Mieux encore.

C'est à travers l'amour seul que souffrance et joie peuvent mystérieusement se rencontrer, ou tout au moins s'admettre. Hors de l'Amour, la souffrance peut souvent conduire à la révolte. Mais, au cœur de l'amour, elle permet parfois de nous transcender. Et notre prière peut nous conduire jusque-là. La joie profonde de la foi peut nous permettre de supporter parfois l'insupportable de la souffrance. C'est tout au moins le chemin que nous montre Marguerite Hoppenot quand elle écrit :

> *Nous voici parvenus au seuil de l'ultime face de l'insondable mystère de la mort et de la vie, celle où l'humble contemplation de la passion de souffrance – envers indissociable de la passion d'amour – nous laisse mystérieusement entrevoir le sommet de la lumière* (VM p. 143).

Mon Dieu,
je ne vous demande
ni l'obscurité ni la lumière.
Toutes deux sont des chemins
de plus grand amour pour l'âme qui vous aime.
Accordez-moi seulement
d'avoir toujours foi en votre présence.
Plus je sens votre appel à ne vivre que pour vous
plus j'ai besoin de ne vivre que de vous
pour les autres.

Chamonix, 28 août 1941
(NP)

III. SERVIR

neuvième jour

BIENFAITEUR OU SERVITEUR

Que notre entraide soit un service de serviteur et non pas un service de bienfaiteur.
Pas un service qui tombe de haut; qu'il soit un service de pauvre qui ne lie pas à soi, qui n'attache pas à soi. C'est demeurer débiteur de celui qu'on a servi.
Il faut que ce soit une entraide de liberté qui fasse des gens libres et non des gens tenus par ce qu'ils reçoivent (NP).

Pour Marguerite Hoppenot, servir n'est pas un mot, c'est une réalité concrète. Et elle a voulu faire de cette réalité, de cet impératif, un des quatre points cardinaux du mouvement Sève.

On pourrait voir là une forme de conformisme, voire une générosité de milieu, habitué à avoir beaucoup d'argent et à en donner un peu, habitué à être servi et à rendre de temps en temps… On pourrait y voir également une concession aux idées du temps, tant religieuses avec la naissance de l'Action catholique, que politiques avec l'avènement du Front populaire.

Ce serait oublier la fulgurance de Marguerite Hoppenot qui va toujours à l'essentiel. Et, dans son esprit, servir est un des moyens de rejoindre l'essentiel, c'est-à-dire « Dieu en nous ».

Le petit texte qui nous accompagne aujourd'hui est de fait très éclairant. Et il nous permet de poursuivre notre chemin.

Marguerite Hoppenot, en effet, insistait beaucoup sur la différence entre deux mots : *être* et *faire.* Elle expliquait :

> *Deux verbes expriment des réalités essentielles de la vie humaine : le verbe "être" et le verbe "faire". "Être" est un verbe d'état. "Faire" est un verbe d'action. Le verbe d'état doit toujours précéder le verbe d'action.*

Cette distinction qu'elle place entre les deux verbes est de même nature que celle que l'on trouve dans les deux termes qu'elle emploie pour le service : « bienfaiteur » et « serviteur ». C'est donc encore là, à l'intérieur du cœur de l'homme, qu'il faut aller chercher ce qu'elle veut nous dire.

Le bienfaiteur, comme l'étymologie l'indique, appartient au « faire ». Le bienfaiteur n'agit pas dans un état permanent. Il décide lui-même quand et dans quelles conditions il accepte le service qui lui est demandé. Il reste le maître du jeu. Il ne se donne pas. Un bienfait est en effet accordé à la discrétion de celui qui l'accorde. Le bienfaiteur demeure donc dans une position de dominateur. Celui à qui il rend un service devient et demeure son obligé.

Le serviteur par contre, lui, vit un état permanent. Volontaire ou pas d'ailleurs, là n'est pas la question. Il lui faut servir. Le service, qui fait partie de son « être », devient alors un don de sa personne. Et dans l'acceptation consentie de son état, un don total. Ce qui fait que c'est, en fait, le serviteur qui est le plus radicalement transformé par le service. Et le service de Dieu devient un don absolu à Dieu.

Ce sens du service s'avère alors un des moyens indispensables d'abandonner son *« moi centre »*, selon l'expression qu'employait souvent Marguerite Hoppenot. Ce sens du service nous permet de progresser vers ce décentrage nécessaire.

Serait-ce à dire que le service lui-même n'a pas d'importance ? Certainement pas. Le service en lui-même possède toute sa valeur. Mais il nous faut encore une fois aller plus loin. Marguerite Hoppenot précise :

Il faut d'abord être pour faire, il n'est pas question de faire autre chose mais d'être autrement. Savoir recevoir de celui à qui l'on donne.

C'est précisément pour cela que chacun doit devenir serviteur. Car, si le serviteur n'est pas maître de son service, si le bienfaiteur n'en est que le maître apparent, le vrai maître du service, dans une relation d'amour, c'est celui qui a besoin de ce service.

Servir, enfin, engage. Servir, c'est aussi prendre en responsabilité celui que l'on aide. Marguerite Hoppenot en avait bien conscience. Comment ne pas évoquer ce premier grand service qui lui est demandé et qui l'a marquée profondément?

Nous sommes en 1925. Marguerite et Philippe Hoppenot sont mariés depuis quelques mois. Un soir, ils attendent une vingtaine d'invités. C'est l'occasion pour eux de réunir les amis des deux familles. Arrive un couple. Marguerite va les accueillir. Ce sont des amis de Philippe, qu'elle ne connaît pas. Elle ressent un choc violent. Elle raconte : *« Soudain, en voyant la jeune femme, j'ai l'intuition fulgurante qu'elle est en danger. "Elle est perdue!" Ces trois mots me viennent immédiatement à l'esprit et ils n'en sortent pas »* (LA). Toute la soirée, Marguerite n'a que cette préoccupation en tête. Dès le lendemain, elle lui téléphone et lui propose qu'elles se rencontrent. La jeune femme accepte. La démarche est difficile. Marguerite sait qu'elle s'engage. Si elle la rencontre, il faut qu'elle accepte de se donner entièrement pour l'aider jusqu'à ce qu'elle soit hors de danger.

Quand elle arrive chez elle quelques jours plus tard, elle se sent guidée. Sans préambule, elle lui explique la raison de sa démarche. « *Oui, répond la jeune femme, non seulement je suis en danger mais je suis perdue… Je suis dans une impasse. Je suis tout à fait chrétienne, mais mon confesseur ne veut pas me donner l'absolution. Je ne peux donc pas communier, je suis exclue des sacrements.* »

Cette première démarche allait en entraîner une autre. Marguerite Hoppenot décide d'aller voir le confesseur de celle qui est devenue une amie. Mais elle y va avec prudence. Pendant plus de trois mois, Marguerite se confesse régulièrement. Et puis un jour, elle demande à son confesseur de le rencontrer hors du confessionnal. Il accepte. Elle raconte tout.

Je me souviens encore de ce que je lui ai dit : « Mon père, je ne peux pas comprendre l'attitude que vous avez envers elle. Qu'est-ce que le christianisme, qu'est-ce que la confession, qu'est-ce que l'absolution, qu'est-ce que la communion, sinon des moyens de conversion ? Et quand vous avez une âme de bonne volonté qui veut s'en sortir, comment peut-elle y parvenir si vous ne lui donnez pas ces moyens ? Le christianisme n'est-il pas un chemin ? Il faut lui donner les moyens que ce soit pour elle un chemin… »

Le confesseur est d'abord surpris. Mais il a compris. Il a compris surtout que la jeune femme en question ne sera pas seule. Elle sera épaulée. *« Eh bien c'est d'accord, Madame, je vais lui donner l'absolution. Mais je vous rends responsable de cette âme »* (LA p. 95).

Seigneur,
que le service de nos frères
n'en asservisse jamais aucun,
mais qu'il soit toujours pour une voie de libération…

Que nous soyons disponibles à celui qui passe,
sans que nous cherchions à le choisir,
car c'est toi qui le mets sur notre chemin…

Que notre service soit pénétré d'amour,
à l'image de ton amour.

Que notre don soit comme ton don, Seigneur.

Qu'ainsi toutes nos découvertes spirituelles
se transforment en forces vives
sous l'action de ton Esprit Saint,

et qu'elles tissent un réseau d'amour
qui, s'étendant à travers le monde,
manifeste partout sa miséricorde. Amen!

(PV)

dixième jour

LE SERVICE, SOURCE ET FRUIT DE LA RÉSURRECTION

Quand les gens viennent ici et qu'ils voient des responsables de ces services d'entraide ou une déléguée d'entraide, comment faut-il qu'ils ressortent? Simplement avec leur cas qui a été solutionné? Ou bien faut-il qu'il y ait quelque chose qui se soit éveillé en eux? Il faut qu'à travers votre entraide vous soyez une « Visitation », que vous fassiez vibrer quelque chose dans le cœur de l'autre.
Il ne faut pas que l'on me dise : l'entraide, ce sont les actives et les autres, ce sont les contemplatives. Si une responsable d'entraide n'est pas d'abord une contemplative, ce ne sera pas une bonne entraide. Il faut que vous soyez porteuses du Christ! (NP)

À travers ce conseil impérieux qu'elle donne aux responsables et aux membres du mouvement Sève, Marguerite Hoppenot met l'accent sur la vraie dimension du service. Elle nous invite à le méditer et à en faire une réelle prière. Le service, ce n'est pas donner un « coup de main », ce terme vulgaire qui évoque autant une bonne qu'une mauvaise action. Servir, ce n'est même pas s'oublier pour rendre la vie de l'autre plus confortable.

Servir, aider, c'est faire réellement passer l'autre, et nous-mêmes par la même occasion, dans une autre dimension.

Marguerite Hoppenot prend pour cela la comparaison avec la Visitation, à propos de laquelle elle écrit : *« Pour que toute visitation puisse accomplir pleinement le dessein de Dieu, elle exige donc une double fidélité : celle du visiteur mais aussi celle du visité »* (VM p. 121). Cette scène de la Visitation avait tellement d'importance pour elle qu'elle avait tenu à ce qu'elle soit représentée en haut des marches de l'entrée des locaux du mouvement Sève, à Paris.

Marie vient aider sa cousine. Jusque-là, rien de plus naturel. Elle est plus jeune et, même si elle est elle-même enceinte, il est normal qu'elle fasse cet effort. Mais quand elle arrive chez Élisabeth, toutes deux sont transportées. Il va se passer quelque chose d'extraordinaire entre les deux. Elles vivent une rencontre qui n'est plus la rencontre entre deux femmes, deux futures mères, mais, à travers ceux qu'elles portent en leur sein et leur cœur, la rencontre entre Dieu et l'homme. Toutes deux tressaillent. Et cela va même plus loin. « Au moment où Élisabeth entendit la salutation de Marie, l'enfant remua au-dedans d'elle. Élisabeth fut remplie du Saint-Esprit » (Lc 1,41).

Le service que Marie vient rendre à Élisabeth conduit Élisabeth à une Pentecôte d'au-delà de la résurrection. C'est véritablement le passage de l'Ancien au Nouveau Testament. La première révélation du Christ en Jésus enfant. Et elle vient du service.

On pourrait croire que ce regard sur la Visitation est un peu trop fort, voire exagéré. Mais Marguerite Hoppenot aimait ces merveilleuses « petites révélations » de l'Écriture. Elle savait en faire son miel.

Et il est une autre scène dans l'Évangile, tout aussi révélatrice et signifiante. Elle se situe au tout début de la mission du Christ et on la retrouve dans trois Évangiles, ceux de Matthieu, Marc et Luc. C'est dire si cette scène est importante (Mt 8,14-15; Mc 1,29-34; Lc 4,38-41). C'est la scène de la guérison de la belle-mère de Pierre. Les trois évangélistes emploient les mêmes termes : « Elle se leva et elle les servit. »

Or ce terme « se lever » veut dire « ressusciter ». Comme le Christ le dira dans différentes résurrections : « Jeune homme, je te le dis, lève-toi » ou « Fillette, je te le dis, lève-toi… » Jusqu'à la résurrection du Christ lui-même : « Il s'est levé d'entre les morts. »

Quand la belle-mère de Pierre est guérie ou ressuscitée, son premier acte est de les servir. Ce n'est pas de la reconnaissance, encore moins du machisme. L'état de la femme ressuscitée, comme de tout homme ou de toute femme, est d'être serviteur. Comme le Christ se fera serviteur à la veille de sa passion et de sa résurrection.

Et là encore, le service est lié profondément, intimement, à la résurrection.

Regardons cette dernière action que le Christ fit pour ses disciples, le jeudi saint. Elle a été de les servir. Et pas de les servir simplement, mais en devenant réellement « le Serviteur ». Celui qui va laver les pieds de ses amis, c'est-à-dire accomplir le plus humble des actes de service. Généralement, cette tâche était réservée à un esclave.

Servir devient donc une voie, une autoroute royale pourrait-on dire, vers le plus essentiel de nous-mêmes. Cet essentiel de nous-mêmes qui ne revêt aucun artifice des fameux savoir, avoir et pouvoir.

Dieu fait de ceux qu'il aime ses serviteurs, le premier d'entre eux étant le Christ lui-même, et la première, Marie : « Je suis la servante du Seigneur, qu'il me soit fait selon ta parole. » À l'instant où bascule la vie de la jeune fille de Nazareth et à travers elle la vie du monde, elle se reconnaît et se proclame la servante du Seigneur.

« Il faut que vous soyez porteuses du Christ », indique encore Marguerite Hoppenot. Serait-il donc là, à ses yeux, le service essentiel ? Et à nouveau, Marguerite Hoppenot retourne la proposition. Encore une fois elle invite à « être » plutôt qu'à « faire », plus à être des serviteurs qu'à servir.

« Que tout pouvoir, toute possession, tout privilège portent leur contrepoids d'exigence et de responsabilité et n'aient de sens que pour le service », écrit-elle.

Seigneur, faites que j'entende au fond de mon âme
cette Annonciation qui commande
votre mystère d'Amour en moi.
Que votre grâce m'aide à répondre,
comme Marie, dans la foi :
« Je suis la servante du Seigneur. »
afin que s'ouvrent enfin en mon cœur
les sources vives de l'Amour.
Faites, Seigneur, qu'une multitude de vos enfants
disent ce « oui »
sans réserve à leur « annonciation »
afin que ces autres étapes de votre mystère d'Amour,
« visitation » et « incarnation »,

puissent alors, humblement mais sans retard,
se poursuivre dans le monde
qui attend votre présence de Vie.

(DU p. 20)

onzième jour

DIEU PREMIER SERVI

Ainsi plus s'accroît le poids du pouvoir, plus devrait apparaître et s'imposer à l'esprit des responsables de ce pouvoir, comme étant l'exigence et le principe vital d'une hiérarchie selon Jésus-Christ, une image aussi paradoxale qu'inhabituelle : celle d'une pyramide renversée.
[...]
Si tout détenteur de quelque pouvoir était un serviteur de l'Amour en regard de ceux sur lesquels il a autorité afin que cette dernière soit, en vérité, le fruit d'un pouvoir de pauvre et s'il se comportait selon cette impérieuse logique, alors serions-nous proches sans doute, d'aborder aux rives de cette sainte liberté des enfants de Dieu que l'Évangile nous fait contempler comme la promesse du libérateur (TF p. 74).

Il n'est de vrai service que le service de l'Amour. C'est ce que nous laisse entendre et nous invite à méditer Marguerite Hoppenot, dans ce court passage. Ce sens du service que nous pouvons et devons développer et mettre en pratique est naturellement tourné vers Dieu. Servir notre frère quel qu'il soit, et dans quelques circonstances que ce soit, c'est d'abord et, en réalité, servir Dieu. Et il n'existe rien de plus heureux pour l'Homme, homme ou femme, que servir Dieu, nous mettre sous son regard, nous placer sous son autorité féconde. C'est tout simplement retrouver le lieu de notre naissance. C'est réintégrer notre jardin d'Éden, c'est habiter à nouveau l'intime de notre cœur… C'est sublimer notre être d'enfant de Dieu. Quel meilleur vecteur, donc, pour porter notre prière dans cette intimité de Dieu ?

Mais que veut dire ce service de l'Amour, sous la plume de Marguerite Hoppenot ? Tout naturellement, on pense à ce que dit le Christ lui-même à ce propos : « Ce que vous faites au plus petit d'entre les miens, c'est à moi que vous le faites » (Mt 25,40). Cette phrase est parfaitement claire, mais on a pourtant souvent tendance à l'interpréter. À tort. Il ne faut pas, en effet, se tromper sur le sens à donner à cette affirmation. On décale légèrement ce qui est écrit, un peu comme le serpent à propos de l'arbre de la connaissance. En lisant cette phrase, on y entend souvent une comparaison destinée à nous inviter à être « serviables » avec nos frères. « Ce que vous faites au plus petit, c'est comme si c'est à moi que vous le faisiez… » Bref, cela est un encouragement à être « bien gentil ».

Mais ce n'est pas ce que dit le Christ. Il est bien plus exigeant : « C'est à moi que vous le faites! » affirme-t-il.

Et Marguerite Hoppenot nous invite à lire ce que dit le Christ avec cette même radicalité au bon sens du terme. À ne pas adoucir, à ne pas affadir son message. Marguerite Hoppenot, en effet, possédait cette extraordinaire qualité d'aller à l'essentiel sans se soucier des arguties. Elle avait aussi ce sens de l'absolu qui lui permettait non de comprendre mais de vivre l'Évangile. Elle ne réduisait pas le message du Christ et il lui arrivait même parfois de s'agacer quand quelqu'un voulait le réduire, le rendre plus « acceptable » aux yeux du monde.

Aujourd'hui, elle nous propose donc d'aller peut-être encore un peu plus loin dans ce registre du service : c'est en étant serviteurs de l'Amour que nous servons réellement nos frères. Servir Dieu devient donc le préalable nécessaire au service de nos frères et non le contraire.

Ce chemin, là encore inversé, Marguerite Hoppenot l'a vécu dans sa propre vie. On peut repenser à la création du mouvement Sève. Dès l'origine, le mouvement est au service des hommes et des femmes de son temps. On peut même dire qu'il a été créé pour cela. Mais Marguerite Hoppenot, dans sa naissance, voit en premier lieu le service de Dieu.

Comment se sont passées les choses?

C'est d'abord une longue préparation, une maturation. Nous sommes en 1936. Marguerite Hoppenot, dont plusieurs amies traversent de réelles difficultés, cherche toutes les solutions pour les aider. Elle en discute avec son confesseur qui soudain arrête la conversation, la regarde et lui dit : « Ce que vous faites là, vous devriez le faire en grand! »

Premier appel. Marguerite se récrie : *« Mon père, je ne peux quand même pas crier cela sur la place publique. »*

« Vous verrez », se contente-t-il de lui répondre.

Elle ne dit rien et garde toutes ces choses dans son cœur. Six mois passent et survient un nouvel appel. Une de ses relations se propose de venir lui rendre visite. Le prétexte est de faire la connaissance de son enfant qui vient de naître. Mais le but réel de la visite est tout autre.

Quelques instants avant la venue de son amie, elle se sent bouleversée. Elle a l'intuition profonde que quelque chose d'important va se produire. Laissant là son bébé, elle s'abandonne alors à la prière dont elle est sortie par le coup de sonnette qui annonce l'arrivée de la visiteuse.

Après un échange de propos amicaux et le naturel ravissement devant le bébé, le ton change.

« J'ai vu le cardinal Verdier, lui dit son amie. Il est très préoccupé pour les milieux bourgeois. Il aimerait que quelque chose parte pour ces milieux de la bourgeoisie féminine. » Et elle ajoute le plus important : « C'est vous qui le ferez… »

Cette fois le message est lumineux. Au fond d'elle-même, Marguerite Hoppenot a déjà accepté la mission qui lui est confiée. Elle s'est totalement et entièrement donnée au service du Seigneur. Mais tout reste à faire. Et tout sera fait, mais pas seulement par les voies humaines. En se mettant au service de Dieu, elle devient simplement l'instrument de l'action de Dieu. Et n'est-ce pas précisément ce que nous avons tous à faire?

Il est encore une autre perspective que Marguerite Hoppenot nous ouvre en parlant du service. Et c'est un extraordinaire paradoxe. Le serviteur, en effet, est celui qui est dominé. Il doit obéir. Il n'est donc par définition pas libre. Il est l'esclave. Mais la liberté de Dieu est plus forte que notre esclavage et nous placer sous l'autorité de Dieu, c'est vaincre l'esclavage et nous ouvrir à la vraie liberté. Et il s'agit peut-être d'une des dimensions les plus importantes, car elle touche à l'essentiel même de notre être. Et elle peut affirmer : *« Servir l'amour nous fait atteindre les rives de la sainte liberté des enfants de Dieu. »*

Toi qui ne crois qu'à l'action,
es-tu fidèle à « perdre » chaque jour avec moi
ce quart d'heure de silence et de prière,
apparemment inutile ?

Sais-tu qu'il transformerait, peu à peu, ta vie
en me rendant « présent » à tout ce que tu fais !

Toi qui as soif de spirituel, découvres-tu mon visage
sous celui de ce pauvre, de ce malade,
de cette détresse qui vient sans cesse bousculer
ta vie et ta paix ?

Toi qui me cherches, ne t'y trompe pas :
c'est moi qui viens frapper ainsi à ta porte.
Ce pauvre, ce malade, cet isolé, ce désemparé,
les traites-tu avec le même amour
et la même munificence
que si je te tendais moi-même la main ?

(PA p. 17)

IV. UNIR

douzième jour

S'EFFACER POUR QU'IL GRANDISSE

Que notre entraide tisse des liens de communauté, c'est-à-dire d'unité.
Dieu ne nous demande pas de tout faire mais de le laisser faire, et pour un apôtre, le laisser faire, n'est-ce pas se laisser « saisir par le Christ » pour devenir peu à peu un canal vraiment disponible, fidèle intermédiaire entre Jésus et ses frères ? (NP)

Dans ce petit texte, suivant immédiatement le texte du chapitre précédent et encore consacré au mot « servir », Marguerite Hoppenot nous invite, une nouvelle fois, à retrouver ce lien extraordinaire qui, dans la prière, nous unit au Christ et construit notre unité. Elle nous fait découvrir cet étonnant mouvement qui consiste à nous laisser saisir par le Christ pour, une fois en lui et lui en nous, repartir vers nos frères.

Étonnant mouvement en effet, car c'est une démarche qui nous transforme entièrement. Avec la même radicalité que celle qui a embrasé Jean le Baptiste. « Il faut qu'il croisse et que je diminue » (Jn 3,30).

Ce premier mouvement de Jean le Baptiste est un don réel que nous pouvons faire, nous aussi, en toute liberté. Et les deux actions, croissance du Christ et diminution de Jean, apparemment contraires et complémentaires, ont la même force. Il est aussi important de diminuer que de grandir. Jean ne dit pas : « Il faut que je diminue pour qu'il grandisse », ce qui mettrait un lien de subordination. Dieu serait soumis à la volonté de l'homme. Ni le contraire d'ailleurs. Où serait alors notre liberté ? Mais il dit bien que les deux actions ont la même valeur, la même importance.

Le Christ va ainsi prendre la place que nous lui abandonnons. L'offrande de nous-mêmes est l'offrande de la place que, lui, peut occuper en notre cœur. Elle n'est pas un sacrifice dans lequel le seul intérêt serait notre anéantissement. Au contraire même, dans cette merveilleuse fusion, il nous donne sa vie et nous fait grandir. D'une certaine façon aussi, c'est ainsi et seulement ainsi que nous pouvons devenir cet « homme nouveau » dont parle saint Paul dans sa lettre aux Éphésiens : « Revêtez-vous de l'homme nouveau, créé, selon Dieu, dans la justice et la sainteté conformes à la vérité » (Ep 4,24).

Mais revenons à la notion de service. Marguerite Hoppenot va encore plus loin. Elle précise : *« Dieu ne nous demande pas de tout faire mais de le laisser faire. »*

Extraordinaire phrase ! On a presque l'impression que Dieu nous dit de le laisser tranquille, de ne pas nous mêler de ce qui ne nous regarde pas. De ne pas entraver son action. Ce ne sont pas nos affaires ! Et nous n'avons rien à y voir. En quelque sorte, nous sommes des « serviteurs inutiles ». Et nous deviendrions même, à la limite, des gêneurs.

Mais alors, que serait notre rôle de serviteur ? Existerait-il même encore ? Devrions-nous « rendre notre tablier » ? Non, bien sûr. Notre rôle existe, mais à notre place. Pas à la sienne. Notre rôle est simple, mais fondamental. Dieu nous demande simplement d'être attentifs à notre frère.

Cette attention à notre frère est précisée dès les origines, même si elle est parfois mal comprise. Au quatrième chapitre de la Genèse, un très bref dialogue nous dit tout de cela :

« Le Seigneur demanda à Caïn : "Où est ton frère Abel ?" Caïn répondit : "Je n'en sais rien. Est-ce à moi de surveiller mon frère ?" »

La question que Dieu pose à Caïn n'est pas de même nature que celle d'un père qui reprocherait à son fils d'avoir mangé un morceau de chocolat : « Où est le chocolat ? » ou d'avoir emprunté un livre : « Où est le livre ? »

La question que Dieu pose à Caïn signifie en fait la responsabilité que chacun a vis-à-vis de son frère. C'est la question qu'il nous pose concernant le malheureux, l'affamé, le pauvre dans tous les sens du terme, bref celui qu'on ne sert pas. « Où est ton frère ? »

L'attention à l'autre, la prière pour l'autre, est importante. C'est toute l'humble puissance de la prière.

Et nous n'avons pas à attendre une quelconque reconnaissance de celui que nous aidons, que nous servons, bien au contraire, car c'est lui, peut-être, qui nous permet de nous approcher de notre accomplissement, de notre salut.

Et si on prolonge encore ce mouvement, que voit-on ? Marguerite Hoppenot le précise à nouveau quand elle écrit : *« pour devenir peu à peu un canal vraiment disponible, fidèle intermédiaire entre Jésus et ses frères »*.

Ce va-et-vient entre eux, l'homme et Dieu, se poursuit en effet. Nous devenons le canal qui va permettre à nos frères de rencontrer à leur tour Jésus-Christ. Voilà bien le rôle du serviteur, qui devient le messager du Père.

Pouvons-nous nous en glorifier ? Certainement pas. Le Christ répond lui-même à cette question en saint Luc chapitre 17.

« Supposons ceci : l'un d'entre vous a un serviteur qui laboure ou qui garde les troupeaux. Lorsqu'il le voit revenir des champs, va-t-il lui dire : “Viens vite te mettre à table”? Non, il lui dira plutôt : “Prépare mon repas, puis change d’habits pour me servir pendant que je mange et bois; après quoi tu pourras manger et boire à ton tour.”

« Il n’a pas à remercier son serviteur d’avoir fait ce qui lui était ordonné, n’est-ce pas? Il en va de même pour vous : quand vous aurez fait tout ce qui vous est ordonné, dites : “Nous sommes de simples serviteurs; nous n’avons fait que notre devoir.” »

Mais si nous n’avons pas à nous en glorifier, nous pouvons nous en réjouir car le serviteur est aussi le fils. Comme nous le voyons dans Isaïe au chapitre 41 :

Écoute, Israël, mon serviteur,
peuple de Jacob que j’ai choisi,
race de mon ami Abraham,
toi, que j’ai été chercher
jusqu’au bout du monde,
et que j’ai appelé,
des régions les plus lointaines,
toi, à qui j’ai dit :
« Non, je ne t’ai pas rejeté,
au contraire je t’ai choisi;
mon serviteur, c’est toi. »
N’aie pas peur maintenant,
car je suis avec toi.

Ne lance pas ces regards inquiets,
car ton Dieu, c'est moi.
Je viens te rendre courage,
j'arrive à ton secours,
et je te protège
par ma main droite victorieuse.

Et on comprend alors que le serviteur parfait, c'est le Christ lui-même, le fils de Dieu, qui, par le service, nous invite à partager sa nature en allant nous aussi jusqu'au bout de nous-mêmes.

Cette réflexion et ces prises de conscience profondes relatives à toute supériorité qui succédaient à la découverte décisive que Dieu n'était plus le Tout-Puissant à la manière des hommes, mais la Toute-Puissance de l'amour, entraînèrent deux convictions fondamentales, je dirais fondatrices, de Sève.
La première est relative au principe de l'autorité. Elle est pleinement éclairée et confirmée par la parole de Dieu : « Que celui qui commande soit celui qui sert. » Elle est la conséquence de la découverte que Dieu n'est pas simplement le Dieu de la Toute-Puissance. Il est le Dieu de la Toute-Puissance de l'Amour. Comprenons que le mot « autorité » s'apparente au mot « auteur » [...]. Celui qui a la responsabilité d'autorité a le devoir d'engendrer, c'est-à-dire de « faire être ».

La deuxième prise de conscience fut relative à l'attitude de toute hiérarchie humaine et spirituelle quelle qu'elle soit. Elle est totalement éclairée et confirmée par la parole de Jésus-Christ : « Que le plus grand d'entre vous se fasse le plus petit. » Toute hiérarchie doit être à l'image d'un cône à la pointe renversée, la tête en bas, les pieds en l'air. […] Telle est et devra être toujours la hiérarchie de Sève. Les racines sont au pied de l'arbre, elles ne couronnent pas l'arbre.

(DU p. 252)

treizième jour

SEUL DIEU UNIT

Il y a un personnage de l'Évangile qui est un compagnon de route pour nous. C'est Nicodème. Il cherchait comment s'entendre avec des personnes différentes de lui. […] Il ne savait pas comment faire pour concilier tout cela. Un ami lui conseille d'aller trouver Jésus. Il lui pose sa question. Jésus lui répond : « Tu ne sais pas cela, Nicodème ! Il faut renaître. »
Nicodème lui dit : « Je ne peux tout de même pas entrer à nouveau dans le ventre de ma mère. »
Jésus lui dit : « Nicodème, tu ne comprends rien. À force d'être intellectuel, tu es en train de devenir complètement inintelligent de la vie. Ce n'est pas dans le ventre de ta mère qu'il te faut entrer, mais dans ton propre cœur. N'oublie pas que tu es le temple du Saint-Esprit. Ton lieu saint, c'est ton cœur. Alors, habite ton cœur… C'est dans le cœur que se passe la vie des

profondeurs. » Ne cessons jamais de renaître de ce germe d'Amour qui nous habite... toute notre vie... cela n'est jamais fini parce que l'amour est sans limite.
C'est en nous accordant chacun à l'Amour que nous pouvons nous accorder les uns aux autres. Il s'agit d'accordailles d'amour (NP).

À quelques jours du terme de ce parcours de quinze jours, on croirait dans ces quelques lignes entendre Marguerite Hoppenot dans ce qu'elle avait de fondamentalement original... Elle aimait en effet beaucoup, non pas « déformer » l'Évangile, mais plonger dans l'évangile au point de prendre quelques libertés avec le texte.

Ce faisant, elle ne faisait que davantage révéler l'Essentiel. Elle n'hésitait pas à affirmer :

Mon propos n'est pas de présenter une exégèse de l'événement historique pour laquelle je n'ai aucune compétence particulière mais d'aider à pénétrer les mystères de la vie du Christ à partir du dévoilement intérieur provoqué par l'expérience vécue jour après jour (VM p. 129).

Son regard sur le récit de la rencontre entre Jésus et Nicodème est certainement un des plus savoureux. Elle s'éloigne largement du texte de saint Jean. Elle va même jusqu'à prendre à la lettre ce qui dans l'évangile de Jean est une révélation basée sur ce qu'on pourrait appeler un jeu de mots. En effet, dans le texte grec, « de nouveau » veut également dire « d'en haut » et quand Jésus dit à Nicodème : « Il faut naître de nouveau », on peut comprendre qu'il dit : « il faut naître d'en haut ». Et nous sommes alors, à ce moment-là, quasiment dans une autre version, une annonce, du discours eucharistique qu'il tiendra quelque temps plus tard. Jésus, en effet, précise à Nicodème : « Personne n'est jamais monté au ciel, excepté le fils de l'homme qui est descendu du ciel. » Et c'est là que nous retrouvons le discours eucharistique dans lequel Jésus déclare à la foule, en Jean 6 :

« Vos ancêtres ont mangé la manne dans le désert et ils sont morts. Mais le pain qui descend du ciel est tel que celui qui en mange ne mourra pas. Je suis le pain vivant descendu du ciel. Si quelqu'un mange de ce pain, il vivra pour toujours. Le pain que je donnerai, c'est ma chair, je la donne afin que le monde vive. [...] Je vous le déclare, c'est la vérité, si vous ne mangez pas la chair du fils de l'homme et si vous ne buvez pas son sang, vous n'aurez pas la vie en vous. »

Et il est important aussi de se souvenir que l'on retrouve Nicodème à un autre moment dans l'évangile de Jean. C'est au moment de la mise au tombeau, là où le Christ précisément va ressusciter, va renaître d'en haut, va naître de nouveau. Et Jean précise que Nicodème apporte de la myrrhe comme l'avaient fait les rois de l'Orient trente-trois ans plus tôt à Bethléem. Nous sommes donc en compagnie de Nicodème au cœur du mystère de la vie en Dieu.

Et c'est précisément ce que Marguerite Hoppenot, dans sa grande liberté et son grand amour de l'Évangile, nous dit dans un prodigieux raccourci intuitif. Elle nous dit que c'est au fond de notre cœur, vrai tombeau de la résurrection, que repose le Christ et que c'est là que réside, pour chacun d'entre nous, le mystère de l'Amour.

> *Ce n'est pas dans le ventre de ta mère qu'il te faut entrer, mais dans ton propre cœur. N'oublie pas que tu es le temple du Saint-Esprit. Ton lieu saint, c'est ton cœur. Alors, habite ton cœur… C'est dans le cœur que se passe la vie des profondeurs.*

Elle nous invite, et c'est un formidable programme pour la suite de notre vie de prière, à trouver dans cette rencontre intime avec le Christ en notre cœur, la raison même de notre existence. Elle nous invite, en fait, à aller au cœur de ce tombeau où le Christ a été déposé, et ce tombeau, c'est notre cœur.

> *L'Esprit du Christ ne peut prendre vie en nous qu'enraciné dans la pleine réalité de notre être*

humain et de nos conditionnements humains. Il ne s'y développera sans limites qu'au prix d'une persévérante et courageuse fidélité aux démarches qui sont le propre de l'être humain : l'observation, la contemplation et la réflexion nous conduisant jusqu'à la décision et à l'action (1970, PA p. 48).

On le voit, par cette intimité de la présence du Christ au sein même de notre être s'opère un véritable échange. Nous en Dieu, Dieu en nous. Comme le dira de son côté saint Athanase : « Dieu s'est fait homme pour que l'homme devienne Dieu. » Et c'est dans cette union que tous les êtres peuvent trouver l'unité. L'unité ne se fait pas en se regardant les uns les autres, ni même en se regroupant comme l'essaim que formeraient les abeilles, mais en nous reconnaissant, éléments de l'Amour, membres de ce corps dont le Christ est la tête, comme l'affirmera saint Paul dans la partie dogmatique sur la primauté du Christ, dans sa lettre aux Colossiens, et comme il le dira également aux Éphésiens, aux Corinthiens, aux Romains dans ses différentes lettres. « Et il est aussi la tête du corps, c'est-à-dire de l'Église. »

Dieu seul est notre unité. Il serait même illusoire d'espérer être unis hors de lui. Il est au cœur de l'homme et au cœur de la relation entre les hommes. L'unité à laquelle nous sommes conviés, ces *« accordailles d'amour »*, va encore plus loin. Notre réelle unité est une unité avec Dieu lui-même.

Ainsi, la vie des profondeurs est le lieu saint de notre cœur, ce cloître intérieur où se fait notre miel divin. Dieu parle après. On ne peut pas le faire parler avant de l'avoir entendu, avant de l'avoir écouté seulement. Mais Dieu parle, l'Esprit de Dieu parle à travers tout ce que nous lui avons ouvert. Il jaillira de nos deux amours, amour de Dieu et amour du monde, et alors en nous s'exprimera en prière (PA p. 36).

Esprit d'Amour, vivant en chacun,
allume en tous tes enfants la passion de l'Unité.

Aide-les à se reconnaître frères,
à s'accepter différents, à converger et à s'unir
au-delà de leurs différences
afin de devenir des hommes nouveaux,
seuls artisans possibles du monde nouveau
que Tu nous as promis, ton Église-Une,
levain de ce Royaume fraternel
et de la civilisation de l'Amour
qu'espère désespérément la multitude de tes enfants.

(HH p. 61)

quatorzième jour

S'ACCORDER À L'AMOUR POUR NOUS ENTENDRE DIFFÉRENTS

Tous les êtres humains sont divers et chaque être humain est unique au monde.
[…]
Savons-nous nous émerveiller de la munificence de la création humaine?
La vie ne naît que de l'unité des diversités.
[…]
Voilà le mystère de la vie, le mystère de la création de Dieu.

Nous constatons que tous les hommes sont différents dans leurs goûts, leurs habitudes, leurs dons, leurs opinions, leurs religions, etc.
Or la différence est une source d'opposition.
On entend sans arrêt des gens dire : « On ne peut pas se supporter différents »… « C'est difficile de s'entendre différents. »
Alors, comment faire pour s'entendre différents?

Une fois encore émerveillons-nous : si Dieu nous a faits tous différents, Il nous a donné à tous un diapason sacré, un germe d'amour dans le cœur. C'est en nous accordant à l'Amour qui nous habite que nous pouvons nous accorder tous les uns aux autres.
Vous savez que j'ai la passion de la musique puisque j'avais la passion du violon. Regardez un orchestre. Tous les instruments sont différents. Ils jouent tous des morceaux différents. Avant de commencer, ils s'accordent au diapason, au « la ». Si les instruments s'accordent au diapason, bien qu'ils jouent tous des morceaux différents, cela donnera une symphonie, une harmonie. S'ils ne s'accordent pas au diapason, cela fera une cacophonie.
Le monde actuel est une cacophonie. On n'arrive pas à s'accorder les uns aux autres (NP).

Marguerite Hoppenot entraîne aujourd'hui notre prière dans ce quatrième impératif qu'elle a voulu donner au mouvement Sève : Unir. Elle voit dans la diversité humaine un des grands dons que Dieu a faits à chacun de ses enfants au sein de la création. Nous sommes tous uniques. Dans notre être et dans le cœur de Dieu. Et c'est cette « originalité » qui fait notre valeur. Nous sommes irremplaçables dans l'amour du Père.

« Si quelqu'un parmi vous possède cent brebis et qu'il en perde une seule, ne va-t-il pas laisser les quatre-vingt-dix-neuf autres pour partir à la recherche de celle qui est perdue jusqu'à ce qu'il la retrouve ? » (Lc 15,4)

Sur cette base, Marguerite Hoppenot nous invite à aller plus loin que cette simple constatation. Cette diversité nous oblige à l'Unité et, ce qui pourrait paraître paradoxal, en devient la condition. Sans cette diversité, en effet, il n'y aurait qu'uniformité. Et dans l'uniformité, il n'existe pas de liberté.

Il ne faudrait toutefois pas voir de naïveté dans cette approche. Marguerite Hoppenot avait parfaitement conscience de la difficulté que représentent les différences individuelles pour accéder à cette unité. Nos différences sont en effet à la fois la condition *sine qua non* et le plus grand obstacle à l'unité.

Il nous faut donc encore une fois chercher la solution certes en nous, mais sous le regard de Dieu.

Quelle plus belle comparaison Marguerite Hoppenot pouvait-elle alors prendre que celle de l'orchestre pour nous inviter à méditer sur ce don et cette volonté de Dieu ? Elle, qui, comme elle le rappelle, aimait tellement le violon qu'elle ira jusqu'à le préférer aux études. Et c'est à travers cette comparaison si personnelle, si intime, qu'une nouvelle fois elle rejoint l'essentiel et l'universel. Elle nous offre le chemin de l'amour en regardant celui qui est le Chemin, la Vérité et la Vie.

La première approche est d'apprendre à regarder au-delà de soi… Et mieux encore, pour aller plus loin : apprendre à s'accorder au *la,* apprendre à regarder et à se référer au chef d'orchestre, le Christ. Voilà le secret. Notre regard, en effet, en se détachant de nous n'a pas vocation à se perdre dans le vide. Se détacher n'a de sens que si cela nous conduit à nous attacher à plus grand que nous. Ne plus rester centrés sur nous, c'est nous centrer sur Dieu qui est l'Amour. Ce détachement personnel devient et n'est qu'un attachement à l'Essentiel.

> *Pour ma part, si je ne suis plus mon propre centre et ma propre fin, ce cercle infernal dont nul ne peut sortir de lui-même, je connais qu'en moi une Autre Vie, tellement plus grande que moi, a pu, seule, faire se décentrer, puis se retourner mon cœur et que cet Amour, indéfiniment plus grand que mon amour, c'est Toi, Seigneur* (VM p. 247).

La deuxième approche est une question de volonté. L'unité ne nous est jamais imposée. Elle est aussi fruit de notre liberté, liberté de choisir encore plus grand que nous. Et en ce sens l'unité nous transforme.

> *L'union implique de vouloir s'entendre.*
> *L'unité implique de s'accorder dans l'amour au-delà de chacun.*
> *Elle implique un dépassement réciproque dans un mutuel respect, tendu ensemble vers un projet commun* (FL p. 28).

Nous prions souvent pour demander que vienne l'unité, pour demander que nous soyons capables de construire cette unité. Mais comme le précise Marguerite Hoppenot, nous faisons peut-être souvent un contresens.

Quand nous entendons la prière du Christ dans cette sublime nuit du jeudi saint, quand nous l'entendons prier son père : « Je prie pour que tous soient un. Père, qu'ils soient unis à nous, comme toi tu es en moi et moi en toi. Qu'ils soient un pour que le monde croie que tu m'as envoyé. Je leur ai donné la gloire que tu m'as donnée, pour qu'ils soient un comme toi et moi nous sommes un : moi en eux et toi en moi, pour qu'ils soient parfaitement un et que le monde reconnaisse ainsi que tu m'as envoyé et que tu les aimes comme tu m'aimes » (Jn 17,21-23).

Notre premier réflexe n'est-il pas de demander que disparaissent les différences ? Comme si c'était précisément dans l'absence de différences que résidait l'unité.

La démarche que nous propose le Christ n'est pas de rayer les différences mais, comme le précise Marguerite Hoppenot, d'accorder ces différences *« en convergeant au-delà »*, de faire en sorte que le Père reste le Père, que le Fils reste le Fils, mais que tous deux ensemble ne soient qu'un.

Peut-être nous faut-il prier pour l'unité, en ce sens. Que les catholiques restent les catholiques, que les protestants, dans leur diversité, restent les protestants, que les orthodoxes restent les orthodoxes, mais que tous ensemble, accordés au Christ, ne forment plus qu'Un.

Marguerite Hoppenot a eu tout au long de sa vie cette passion de l'Unité. Ne fut-elle pas très proche du pasteur Marc Boegner qu'elle rencontre en juin 1953 et avec qui elle établira, bien avant l'ouverture du concile, les premiers liens vers l'unité entre catholiques et protestants? Entre eux se nouera une profonde amitié, une réelle fraternité spirituelle, dont il n'est pas impossible de penser que les fruits sont encore présents aujourd'hui.

Notre foi en l'Amour, l'Espérance, cette folle confiance donnée, reprise, mais toujours redonnée au Dieu de toute convergence, de toute communion, de toute unité… au Dieu munificent de toute diversité enfin harmonisée par lui, l'Amour, et librement rassemblée en lui, l'Éternel Amour, accomplissement suprême de cette paix que nul ne pourra plus altérer ni ravir.

Noirmoutier, 2 juillet 1964
(TF p. 198)

quinzième jour

UNIR L'HOMME ET DIEU, MYSTÈRE DE VIE

Ainsi, Dieu, notre Père, ne donne pas la vie humaine, simplement comme une voie d'accès « au ciel » après le jugement... mais pour y insuffler son Esprit, l'imprégner de son Amour et opérer ainsi peu à peu, au fil des « oui » de chacun de ses enfants, la « transsubstantiation », si l'on peut dire, de leurs vies afin de les engendrer à sa propre vie. C'est essentiellement pour cette raison que le christianisme est une religion tout autre que les autres : bien plus qu'une religion, c'est un mystère de vie... ce prodigieux mystère de l'engendrement de l'homme à la Vie de son Dieu (TF p. 171).

Ces quelques lignes, presque perdues au milieu d'un texte plus large, forment peut-être un des écrits les plus puissants de Marguerite Hoppenot.

Elles sont d'une certaine façon un résumé, ou plus exactement un cœur, car on y retrouve les quatre dimensions vécues et unifiées dans le mouvement Sève, dimensions que nous avons suivies dans notre prière, pendant ces quinze jours : être, aimer, servir, unir.

Ces quelques lignes sont comme mystérieusement cachées, comme dans une intime annonciation, appelées à se révéler plus tard. Peut-être même qu'à l'époque, Marguerite Hoppenot n'a pas osé exprimer plus directement ce qu'elle affirme là. Il faut préciser que nous sommes en 1964, en un temps où ce qu'elle soutient aurait pu être considéré comme trop en avance et surtout hors de l'autorité d'une Église pas encore capable d'entendre un tel discours surtout venant d'une femme laïque. Pourtant, ces lignes sont, comme toujours avec elle, d'une extraordinaire puissance et quasiment visionnaires. Elles nous donnent tout simplement la clef de la création : nous avons, chacun d'entre nous, à choisir d'être « fils de Dieu ».

Dieu ne nous a pas créés tout faits, mais il nous a laissé l'entière liberté de devenir ce que nous sommes.

Dieu a créé l'homme, mais il lui a laissé le choix, donc la possibilité en toute liberté, de devenir ou non son fils. C'est *« au fil des "oui" »* de ses enfants que Dieu donne sa vie, affirme Marguerite Hoppenot. Elle renverse ainsi totalement l'autorité de la hiérarchie : Dieu Amour se fait quémandeur de l'amour de l'homme, sa créature.

Et la liberté que nous donne Dieu dans notre existence même, est totale, sans aucune réserve. Ce sont nos « oui » qui donnent en nous la vie de Dieu.

Dieu nous a créés inachevés pour que nous ayons à choisir nous-mêmes cet achèvement qu'est le salut. Dieu ne s'impose pas. Il ne nous impose pas plus la vie divine dans le développement de ce *« germe divin »*, selon l'expression employée par Marguerite Hoppenot, qui est en nous. Il nous la propose. Et nous pouvons y répondre notamment par le baptême, qui est d'abord un « oui » à la demande d'amour de Dieu.

Marguerite Hoppenot ne remet pas en cause la Genèse, mais elle nous permet d'en lire l'autre face, avec un autre regard. L'homme, dans le jardin d'Éden, n'était pas complet. Il lui fallait encore recevoir cette vie de Dieu.

Il est intéressant de constater dans le discours eucharistique que le Christ ne dit absolument pas qu'il vient « racheter » l'homme, se faisant ainsi rançon d'un Mal infernal, que seule la mort la plus cruelle et la plus infamante pourrait compenser, ni redonner une vie divine qui aurait été perdue ; non, il dit qu'il vient donner la Vie. Le don du pain de vie n'est pas un acte second, la conséquence d'un péché, mais un acte premier, et un acte fondateur de l'Homme.

Et cela nous invite à regarder les livres de la Genèse comme ce qu'ils sont, non pas le récit de la création, mais la réponse à l'interrogation du psalmiste : « Qu'est-ce que l'homme pour que tu le prennes en considération ? » (Ps 8). La Genèse est d'abord un livre d'amour, le livre de la déclaration d'amour de Dieu à l'homme.

Le rédacteur de ce livre, toutefois, ne voulait pas envisager que la création réalisée par Dieu puisse ne pas être complète ni parfaite. Il a donc fallu qu'elle soit, à ses yeux, « réduite, abîmée » par l'homme. Alors que, si on regarde bien, Dieu a été encore plus loin dans son amour en laissant à l'homme le choix d'y répondre. La création de l'homme n'était pas complète, il lui restait à s'accomplir par l'union intime de la créature avec son créateur.

En ce sens, soit dit en passant, nous sommes là aussi dans une théorie de l'évolution mais de l'évolution spirituelle !

Mais cela ne pouvait se faire dans l'acte créateur initial, car il n'y aurait pas eu la liberté. Et Dieu, alors, tel l'amoureux qui ne dit pas à celle qu'il aime : « Je t'épouse » mais « Veux-tu m'épouser ? », se soumet au « oui » de l'homme, dans la plus parfaite et absolue humilité.

Et mieux encore, Dieu s'inquiète de la réponse de l'homme. « Où es-tu ? » crie-t-il, pleure-t-il presque, dans le jardin des origines. Première interrogation, comme la mère qui a perdu son enfant ou le fiancé sa fiancée : « Où es-tu? » Car l'homme, dans ce récit, a choisi de goûter le fruit de l'arbre, pour devenir « comme Dieu » sans Dieu. Cela veut dire qu'il a répondu « non » à Dieu dans un orgueil qui le pousse à le singer tout en le refusant. Ne sommes-nous pas dans cet état quand nous nous voulons maîtres de la vie et de la mort? Terrible actualité!

C'est ce que dévoile Marguerite Hoppenot dans ces quelques lignes.

Marguerite Hoppenot n'aimait pas le mot « péché ». Elle ne l'employait pas, ou très rarement. On le comprend à la lecture de ces lignes. Et on peut affirmer avec elle que « la faute » a cassé non pas un état qui serait celui de l'homme achevé dans le jardin de la naissance, mais un processus de création, processus que le Christ a repris en venant nous apporter sa Vie. Et en ce sens, Salut veut bien dire Accomplissement.

Cette Histoire de l'homme, cette aventure, n'est pas une histoire du passé.

C'est notre aventure à tous et notre aventure d'aujourd'hui. Car, avec Dieu, tout est toujours « aujourd'hui ». « Aujourd'hui même », dit le Christ au larron qui meurt à ses côtés pour ressusciter immédiatement dans l'amour du Père. Il ne lui dit pas « demain », de même qu'il ne soumet pas son « aujourd'hui » à un hier. En Dieu, l'aujourd'hui n'est pas la conséquence d'un hier, mais un aujourd'hui dans son éternel présent. C'est le « pardon absolu » de Dieu qui va au-delà du don initial de la vie. Heureux sommes-nous d'être des éternels pardonnés!

Notre prière, alors, peut devenir elle-même une éternelle action de grâce qui répondra à l'éternelle prière de demande de Dieu à l'homme, et prière que le Christ, par trois fois, fera à Pierre : « M'aimes-tu? »

Seigneur, que je sache, comme Marie,
garder toutes ces choses en mon cœur.
Déposez en moi cette unique vérité :
vous êtes Amour...
jusqu'à ce que l'Esprit Saint fasse, en moi,
resplendir cette vérité dans sa plénitude.
Mystère d'amour...
mystère d'échange...
mystère de communion...
mystère d'unité...
mystère d'Église...
mystère de Royaume.
C'est à celui-là que vous appelez vos enfants,
Seigneur...
à ce prodigieux labeur d'amour

que vous voulez les associer :
la Bonne Nouvelle pour tous.

(DU p. 26)

POUR MIEUX CONNAÎTRE MARGUERITE HOPPENOT

Ses livres :

– *Prier c'est aimer,* Médiaspaul, 2013
– *Florilège,* Anne Sigier, 2008
– *N'éteignez pas l'Esprit,* Anne Sigier, 2004
– *Un être nouveau pour un monde nouveau,* Anne Sigier, 2000
– *Prières d'amour, prières de vie,* Anne Sigier, 2000
– *L'homme est une histoire sacrée,* Le livre ouvert, 1991
– *La dynamique de l'universel, secret de l'impossible,* édité par le mouvement Sève, 1988
– *S'établir dans l'essentiel au seuil du troisième millénaire,* édité par le mouvement Sève, 1987
– *Cette vie qui m'est donnée, la plus haute aventure,* Plon, 1980; 3e édition, Anne Sigier, 2000
– *Pleins pouvoirs à l'Esprit Saint,* Centurion, 1975; 3e édition, Cerf, 1993

– *Le temps du feu,* Aubier, 1965 ; 3e édition, Anne Sigier, 2002
– *Midi sur le monde,* Aubier, 1963 ; 3e édition, Anne Sigier, 2002
– *Vers le Royaume,* Cerf, 1959 ; 3e édition, 1973

Une biographie :

Albéric de Palmaert, *Marguerite Hoppenot, la liberté de l'amour,* Salvator, 2007.

Un film :

La liberté de l'amour, Jean-Pierre Bussy, Albéric de Palmaert ; Le jour du Seigneur, France 2.

Le mouvement Sève compte aujourd'hui environ 1 400 membres en France et à l'étranger – Suisse, Belgique, Canada, Mexique et Brésil.

Mouvement Sève
14 rue Freycinet, 75016 Paris
Tel : 01 47 20 80 51
Email : mouvement.seve@free.fr
Site internet : www.mouvement-seve.fr

TABLE DES MATIÈRES

DU MÊME AUTEUR

– *Ils nous ont précédés en Galilée,* Éditions Salvator, 2015
– *Au temps des as,* Éditions Ouest-France, 2014
– *Choisir un prénom, toute une histoire,* Éditions Ouest-France, 2013
– *Les chantiers du Cardinal,* en collaboration avec Arielle de Sainte Marie, Éditions Ouest-France, 2011
– *Cent personnages clés pour comprendre la Bible,* en collaboration avec Joëlle Chabert, Éditions Bayard, 2011
– *Les as de l'Atlantique Nord,* Éditions du Rocher, 2010
– *La grande épopée de la traversée de la Manche,* Éditions du Rocher, 2009
– *Quand il avait 12 ans, Edmond Michelet,* Éditions Viltis, 2008
– *Marguerite Hoppenot, la liberté de l'amour,* Éditions Salvator, 2007
– *Sur les pas de Charles de Gaulle,* Éditions Ouest-France, 2007
– *La fabuleuse aventure des débuts de l'aviation,* Éditions Ouest-France, 2007
– *Quand il avait 12 ans, Jacques Sevin,* Éditions Viltis, 2007
– *Quand elle avait 12 ans, Thérèse de Lisieux,* Éditions Viltis, 2007

– *Quand il avait 12 ans, Robert Surcouf,* Éditions Viltis, 2005
– *Quand il avait 12 ans, Charles de Foucauld,* Éditions Viltis, 2005
– *Un siècle de bords de mer,* 1850-1950, Éditions Ouest-France, 2005
– *Quand il avait 12 ans, Saint Exupéry,* Éditions Viltis, 2004
– *Saint-Pierre-et-Miquelon,* en collaboration avec Nelson Cazeils, Éditions Ouest-France, 2001
– *Visages de passion,* Éditions Anne Sigier, 2001
– *Aux heures de l'Évangile,* Éditions Anne Sigier, 2001
– *Quand Dieu fait signe,* Éditions Saint Paul, 1999
– *La chapelle Sainte Thérèse,* Éditions du Signe, 1997
– *Le sexe ignoré ou la condition masculine dans l'Église catholique,* Éditions Desclée de Brouwer, 1994. Traduit en portugais : *O sexo ignorado,* Paulinas, Brésil, 1998
– *La reine noire des gitans,* Éditions Gallimard, 1994
– *Le secret d'Herboné,* Éditions Triomphe, 1993
– *Devenir des saints,* Éditions Desclée de Brouwer, 1992
– *Les religions face à la guerre,* Éditions Centurion, 1992
– *Roger Riou, le flibustier de Dieu,* Éditions Fleurus-Univers Média, 1988
– *Créateur et Père,* Éditions Fleurus, 1986
– *Credo pour Aujourd'hui,* Éditions Fleurus, 1984 (Diplôme Loisirs-Jeunes)
– *Clair de Terre,* Éditions Fleurus, 1982

DANS LA MÊME COLLECTION

Albert Schweitzer par Mathieu ARNOLD, n° 156
Alexandre Men par Michel EDVOKIMOV, n° 139
Alphonse de Liguori par Jean-Marie SÉGALEN, n° 17
Antoine Bloom par Michel EDVOKIMOV, n° 159
Antoine Chevrier par Christian DELORME, n° 108
Antoine de Padoue par Pio MURAT, n° 67
Benoîte Rencurel par René COMBAL, n° 79
Bernadette par François VAYNE, n° 27
Calvin par Gill DAUDÉ, n° 128
Catherine de Sienne par Chantal VAN DER PLANCKE et André KNOCKAERT, n° 20
Catherine Labouré par Élisabeth CHARPY, n° 141
Charles de Foucauld par Michel LAFON, n° 16
Charles Péguy par Pierre DERUAZ, n° 85
Chiara Lubich par Florence GILLET, n° 127
Chiara Luce par Florence GILLET, n° 164
Christian de Chergé par Christian SALENSON, n° 102
Christophe Lebreton par Henry QUINSON, n° 112
Claire d'Assise par Marie-France BECKER, n° 55
Claire Monestès par Marie-France BOUTEMY, n° 144
Claude-François Poullart des Places par Jean SAVOIE, n° 124
Columba Marmion par R. Ferdinand POSWICK, n° 83
Daniel Brottier par Alphonse GILBERT, n° 81
Dietrich Bonhoeffer par Mathieu ARNOLD, n° 106
Dom Helder Camara par Marie-Jo HAZARD, n° 72
Don Bosco par Jean-Marie PETITCLERC, n° 179
Édith Stein par Michel DUPUIS, n° 46
Edmond et Marie Michelet par Benoit RIVIÈRE, n° 35
Élisabeth de la Trinité par Jean RÉMY, n° 44
Emmanuel d'Alzon par Jean-Paul PÉRIER-MUZET, n° 75
Emmanuel Mounier par Jean-François PETIT, n° 51
Etty Hillesum par Pierre FERRIÈRE et Isabelle MEEÛS-MICHIELS, n° 91

Josémaria Escriva par Guillaume DERVILLE, n° 59
Karl Leisner par Arnaud JOIN-LAMBERT, n° 132
L'abbé Franz Stock par Jean-Pierre GUÉREND, n° 165
L'abbé Paul Couturier par Pierre MICHALON, n° 74
L'abbé Pierre par Bernard FORTHOMME, n° 116
L'Église de Rome par Jeannine SIAT, n° 93
Le Cardinal Marty par Roch-Étienne NOTO-MIGLIORINO, n° 169
Le Cardinal Newman par Keith BEAUMONT, n° 94
Le Cardinal Suhard par Roch-Étienne NOTO-MIGLIORINO, n° 126
Le Concile Vatican II par André DUPLEIX, n° 153
Le Curé d'Ars par Pierre BLANC, n° 9
Le Docteur Nagaï par Marie-Renée NOIR, n° 117
Le Père Épagneul par Ghislaine AUBÉ et Jean-Louis LEJAY, n° 115
Le Père Eusèbe-Henri Ménard par Christian RODEMBOURG, n° 138
Le Père Jacques Laval par Louis VERCHÈRE, n° 92
Le Père Jean-Joseph Lataste par Monique LONGUEIRA, n° 157
Le Père Joseph Eyquem par Hugues-François ROVARINO, n° 135
Le Père Joseph-Marie Perrin par Mgr Benoît RIVIÈRE, n° 99
Le Père Kolbe par Jean-François DE LOUVENCOURT, n° 47
Le Père Lagrange par Manuel RIVERO, n° 122
Le Père Marie-Eugène de l'Enfant Jésus par Roselyne DEGLAIRE et Joëlle GUICHARD, n° 97
Le Père Werenfried par Marc FROMAGER, n° 140
Le Père Wresinski par Francine DE LAGORCE, n° 42
Le Professeur Jérôme Lejeune par Aude DUGAST, n° 177
Les Amis des Juifs par Sylvie BERNAY, n° 146
Louis et Zélie Martin par Hélène MONGIN, n° 143
Louise de Marillac par Élisabeth CHARPY, n° 105
Louis-Marie Grignion de Montfort par Véronique PINARDON et Jean BULTEAU, n° 21

Thérèse Couderc par Hélène CAUMEIL et Chantal DE LA FORGE, n° 90
Thérèse d'Avila par Jean ABIVEN, n° 11
Thérèse de Lisieux par Constant TONNELIER, n° 19
Thomas More par Jacques MULLIEZ, n° 134
Trois bienheureuses Sœurs de Charité de la Sainte-Croix, par Sœur M. Benedicta ROGGEN, n° 168
William et Catherine Booth par Corinne GOSSAUER-PEROZ, n° 119
Yves Congar par Daniel BLAJ, n° 152

Pour être tenu informé des publications des éditions Nouvelle Cité et recevoir notre catalogue, veuillez adresser vos coordonnées à :

Éditions Nouvelle Cité
Domaine d'Arny
91680 Bruyères-le-Châtel
France

ou à :

editions@nouvellecite.fr

NOM : ....
Prénom : ....
Adresse : ....
....
Code postal : ....
Ville : ....
Pays : ....
email : ....

Je souhaite être informé(e) des publications de la maison d'édition Nouvelle Cité.

www.nouvellecite.fr

Achevé d'imprimer en août 2015
sur les presses de la Nouvelle Imprimerie Laballery – 58500 Clamecy
Dépôt légal : août 2015 – N° d'impression : 507320

Imprimé en France

La Nouvelle Imprimerie Laballery est titulaire de la marque Imprim'Vert®